大学生劝学读本

主　编　康毕华
副主编　丛　悦　闫玉喜　苗立忠
参　编　李　瑞　任　淼　张迪翀
　　　　毛译旋

北京理工大学出版社
BEIJING INSTITUTE OF TECHNOLOGY PRESS

版权专有 侵权必究

图书在版编目（CIP）数据

大学生劝学读本 / 康毕华主编 . —北京：北京理工大学出版社，2017.8（2021.9重印）

ISBN 978-7-5682-4660-6

Ⅰ.①大… Ⅱ.①康… Ⅲ.①大学生-入学教育 Ⅳ.①G645.5

中国版本图书馆 CIP 数据核字（2017）第 203230 号

出版发行 / 北京理工大学出版社有限责任公司
社　　址 / 北京市海淀区中关村南大街5号
邮　　编 / 100081
电　　话 / （010）68914775（总编室）
　　　　　 （010）82562903（教材售后服务热线）
　　　　　 （010）68944723（其他图书服务热线）
网　　址 / http://www.bitpress.com.cn
经　　销 / 全国各地新华书店
印　　刷 / 唐山富达印务有限公司
开　　本 / 710毫米×1000毫米 1/16
印　　张 / 11.5　　　　　　　　　　　　　　责任编辑 / 张慧峰
字　　数 / 216千字　　　　　　　　　　　　 文案编辑 / 张慧峰
版　　次 / 2017年8月第1版　2021年9月第4次印刷　责任校对 / 周瑞红
定　　价 / 36.00元　　　　　　　　　　　　　责任印制 / 施胜娟

图书出现印装质量问题，请拨打售后服务热线，本社负责调换

前　　言

大学一年级的同学们：

　　你们好！

　　春风得意，踏马落花，青春做伴，相聚"辽服"！从这一刻开始，你未来三年的学习生活就要在这里度过了。在这里你可以聆听老师们的谆谆教诲，领略大家风范；在这里你可以参与丰富多彩的活动，提升综合素质；在这里你可以以寝室为家，体验集体生活的乐趣；在这里你可以利用更加海量的学习资源，向梦想大步迈进；在这里你可以自由生长，活出青春该有的模样！

　　辽宁现代服务职业技术学院欢迎你！

　　同时作为编者，感谢你成为本书的使用者。

　　本书主要针对大一新生。由于生活环境、社会角色发生了很大的变化，大一新生在学习、人际交往、心理健康及人生目标与追求等方面会面临一系列问题。本书从分析大学阶段学习任务、教学管理等方面入手，侧重学习指导，为新生提供切实可行的帮助。本书的主题是"劝学"。劝，勉励也。大学阶段最重要的任务是学习，大学生普遍对学习还存在着不同程度的盲目性，缺少必要的自觉性，所以需要学习先辈贤哲的求学读书的名篇精选，以端正学习的态度与认识。

　　全书分为学习指导、劝学名篇精选两个部分，选择的名人名家求学读书的故事、诗词、名言以及传世家训等，可以说是集人类在历史长河中追求学问、积累知识的经验之大成，无疑将予学生以莫大的启迪，激发学生的学习热情，使学生在大学阶段能够严格要求自己，树立远大理想，并为之不断奋斗。

在编写本书的过程中，我们也力求体现学院素质教育的特色和全面性。这本书具备以下五点功能：一是弘扬民族传统文化，传播中华人文精神，使读者在古今文化精品的熏陶下，促成思想境界的升华和健全人格的塑造；二是方便自学，本书对经典原文中重点字词加以详注，附有助读材料，便于学生理解，逐步提高文言文阅读能力；三是拓展大学语文学科的隐性教学资源，大学语文课是学生语文课堂学习的终结，而这本书是语文课堂的拓展，是语文素质教育活动的系列读本之一；四是改善学生的思维品格，转变学生学习态度，完成劝学的教育目的；五是有助于提高学生的学习兴趣，全书选择的名言、诗词篇目等都是优秀的文学精品，例如劝学名篇精选部分中的传世家训。我国家训文化历史悠久，最早萌芽于五帝时期，明清时期达到鼎盛，流传至今，是中华传统文化宝库的重要组成部分。

本书的编写得到了东北师范大学文学院孙立权教授的远程指导，得到了辽宁现代服务职业技术学院宋真君副院长的大力支持，得到了丛悦教授、闫玉喜教授、苗立忠教授的悉心帮助，也得到了李瑞老师、张迪翀老师、任淼老师、毛译旋老师的鼎力配合，在这里一并感谢。如果这本书对你的学习有所帮助，请不要忘记他们的付出。同时也欢迎你对本书提出意见或建议，我们一定虚心接受并采纳。

致以诚挚的敬意！

康毕华

2017 年 6 月

目　录

第一部分　学习指导

第一章　认清形势 ··· 3
第二章　规划大学 ··· 11

第二部分　劝学名篇精选

第三章　立志篇 ··· 19
　一、古诗 ··· 20
　　1. 神童诗（节选） ································· 20
　　2. 言志诗 ··· 21
　二、名人故事 ··· 22
　　1. 爱迪生"读书" ································· 22
　　2. 文天祥少年正气 ································ 23
　　3. 林则徐对联立志 ································ 23
　　4. 陈平忍辱苦读书 ································ 23
　　5. 岳飞学艺 ··· 24
　　6. 陆羽弃佛从文 ···································· 24
　　7. 唐伯虎潜心学画 ································ 25
　　8. 叶天士拜师潜学 ································ 25
　　9. 李白读书 ··· 25

第四章　勤学篇 …… 27

一、古诗 …… 28
1. 劝学 …… 28
2. 书院 …… 29
3. 寒夜读书 …… 30

二、名人故事 …… 31
1. 陶渊明"指点迷津" …… 31
2. 刘绮燃荻读书 …… 32
3. 苏廷吹火读书 …… 32
4. 匡衡凿壁偷光 …… 32
5. 囊萤映雪 …… 32
6. 屈原洞中苦读 …… 33
7. 范仲淹断齑划粥 …… 33
8. 陆游书巢勤学 …… 33
9. 刘勰佛殿借读 …… 34
10. 顾炎武手抄书 …… 34
11. 欧阳修荻草代笔 …… 34
12. 蒲松龄草亭路问 …… 35
13. 贾逵隔篱偷学 …… 35
14. 宋濂冒雪访师 …… 35
15. 悬梁刺股 …… 36
16. 少年包拯学断案 …… 36
17. 万斯同闭门苦读 …… 36
18. 王献之依缸习字 …… 37
19. 朱元璋放牛读书 …… 38
20. 柳公权戒骄成名 …… 38
21. 王十朋苦学书法 …… 39
22. 王羲之吃墨 …… 39
23. 鲁迅嚼辣椒驱寒 …… 39
24. 王亚南睡三脚床 …… 40

25. 顾炎武自督读书 ……………………………………… 40

第五章　惜时篇 …………………………………………… 41

一、古诗 ………………………………………………… 42
　　1. 长歌行·青青园中葵 ………………………………… 42
　　2. 杂诗 …………………………………………………… 43
　　3. 金缕衣 ………………………………………………… 44
　　4. 白鹿洞诗二首·其一 ………………………………… 45
　　5. 题弟侄书堂 …………………………………………… 47
　　6. 今日歌 ………………………………………………… 48
　　7. 明日歌 ………………………………………………… 49
　　8. 劝学诗 ………………………………………………… 50

二、名人故事 …………………………………………… 51
　　1. 苏步青巧用"零头布" ……………………………… 51
　　2. 常林带经耕锄 ………………………………………… 52
　　3. 李密牛角挂书 ………………………………………… 52
　　4. 董仲舒三年不窥园 …………………………………… 53
　　5. 司马光警枕励志 ……………………………………… 53

第六章　方法篇 …………………………………………… 54

一、古诗 ………………………………………………… 55
　　1. 读书 …………………………………………………… 55
　　2. 怜思诗 ………………………………………………… 56
　　3. 读书 …………………………………………………… 57

二、名人故事 …………………………………………… 58
　　1. 富兰克林的成才之路 ………………………………… 58
　　2. 列宁的照片 …………………………………………… 59
　　3. 孔子学弹琴 …………………………………………… 59
　　4. 李政道的从画地图说起 ……………………………… 60
　　5. 爱因斯坦的"独立思考" …………………………… 61
　　6. 伽利略和吊灯 ………………………………………… 62
　　7. 爱因斯坦"补课"和华罗庚的"夹生饭" ………… 63

8. 鲁迅的"随便翻翻" ·· 64
　　9. 华罗庚的"设想阅读"学习法 ······························ 65
　　10. 杨振宁、钱伟长教授谈学习 ································ 66
　　11. 毛泽东与学习 ·· 67
　　12. 恩格斯的读书法 ·· 69
　　13. 杰克·伦敦的"饿狼式"读书法 ··························· 70
　　14. 爱因斯坦的"总、分、总"三步读书法 ··················· 70
　　15. 余秋雨的"畏友"读书法 ···································· 71
　　16. 秦牧主张"牛嚼"和"鲸吞" ································ 71
　　17. 李白读书 ··· 72

第七章　体会篇 ·· 73

一、古诗 ··· 74

　　1. 观书有感 ··· 74
　　2. 劝学 ··· 76
　　3. 劝学 ··· 77
　　4. 冬夜读书示子聿 ·· 78
　　5. 读书有所见作 ··· 79

二、名人故事 ·· 80

　　1. 蒲松龄的对联 ··· 80
　　2. 居里夫人的"奖章" ··· 81

第八章　乐趣篇 ·· 82

一、古诗 ··· 83

　　1. 四时读书乐 ·· 83
　　2. 观书 ··· 85
　　3. 读书乐 ··· 86
　　4. 四季读书歌 ·· 87

二、名人故事 ·· 89

　　1. 毛姆的"乐趣"读书法 ·· 89
　　2. 读书使人充实 ··· 89
　　3. 读书，人才更加像人 ·· 90

4. 李白读书 ·· 91

第三部分　传世家训名篇精选

第九章　传世篇 ·· 95
1. 孔丘教子学《诗》《礼》 ·· 96
2. 孟母《断织教子》 ·· 98
3. 刘邦《手敕太子》 ·· 100
4. 郑玄《诫子益恩书》 ·· 102
5. 孔臧《勤学苦读》 ·· 107
6. 刘备《诫后主》 ·· 109
7. 诸葛亮《诫子书》 ·· 112
8. 颜之推《颜氏家训·勉学》（节选） ······························ 113
9. 元稹《诲侄等书》 ·· 121
10. 韩愈《符读书城南》 ·· 126
11. 朱熹《与长子受之》 ·· 130
12. 欧阳修《诲学说》 ·· 132
13. 叶梦得《石林家训·旦必读书》 ·································· 134

第十章　家训篇 ·· 136
曾国藩家书·劝学篇 ·· 137
1. 禀父母·闻九弟习字长进 ·· 137
2. 禀父母·教弟写字养神 ·· 139
3. 禀父母·劝两弟学业宜精 ·· 141
4. 致诸弟·述求学之方法 ·· 144
5. 致诸弟·读书宜立志有恒 ·· 149
6. 致诸弟·勉励自立课程 ·· 153
7. 致诸弟·讲读经史方法 ·· 158
8. 致六弟·劝述交友学诗之道 ·· 165
9. 致诸弟·劝述孝悌之道 ·· 168

参考书目 ·· 171

结语 ·· 172

第一部分

学习指导

第一章　认清形势

对于2017年入学的大一新生来说，考虑未来的就业方向并不算早。我们来看两篇新闻报道，感受一下越来越严峻的高校毕业生就业形势，以及高职高专院校毕业生面临的越来越突出的问题。

2017高校毕业生就业：复苏与挑战中前行

距2017届高校毕业生离校不足一个月，今年全国普通高校毕业生795万人，新特征进一步显现。一是供给呈现"一增一减"：总量压力持续增加；但部分地区、部分行业吸纳就业能力总体减弱。二是需求呈现"一降一升"：钢铁、煤炭、水泥、煤电、铝业、船舶等行业需求下降；"互联网+"、信息通信、人工智能、健康养老等新兴产业用人需求明显上升。三是矛盾呈现"一老一新"：结构性矛盾尚未解决，新情况接连出现。部分地方本科高校、高职院校和部分专业社会需求不足，部分专业少数民族毕业生、残疾毕业生、女毕业生等就业困难群体就业压力加大；少数毕业生"慢就业"、不就业、考研等新情况有增多趋势。

如何看待当前的高校毕业生就业？如何在毕业生离校前进一步做好高校毕业生就业工作？

就业数据趋暖

经济数据向好，就业数据喜人，毕业生就业复苏。4月初，全国普通高校毕业生签约率同比提高近2个百分点，5月继续攀升，6月初数据比5月初提高14.3个百分点，同比提高1.1个百分点，其中14个省市签约率同比上升。不论是全国数据、省市统计，还是学校个案，都反映了今年高校毕业生就业形势逐步好转。

但是，高校毕业生就业喜中有忧。据国内某知名人才网站5月发布的"2017年应届毕业生求职力"调研发现，2017届毕业生对就业形势的感知呈不乐观态度，40.8%的应届毕业生认为就业难、形势严峻；有9.8%的毕业生选择"慢就业"，即不着急就业，而是选择旅游、在家陪父母以及继续等待机会自主创业等。大城市仍是毕业生签约的主要目的地，签约在一线城市的比例达66.6%。在已经签约的应届大学毕业生中，有38.5%的毕业生选择了与专业不对口的工作，同比上升了5.7个百分点。毕业生实际签约平均月薪

4014元，同比去年下降751元。尽管毕业生就业出现复苏趋势，但约束条件依然存在，就业形势复杂严峻、不容乐观。

就业机遇凸显

高校毕业生就业形势复杂，挑战不少，但机遇同样前所未有。一是绿色发展机遇，二是新动能机遇，三是健康服务机遇，四是"丝路"机遇。新的机遇将在就业方面提供更多"金砖含金量"。

尽管新机遇层出不穷，但对高校毕业生就业工作来讲，传统产业对毕业生的吸纳能力也不容忽视，制造业、农业、公益事业等领域每年接纳高校毕业生超过毕业生总数的一半左右。近日辽宁省就业创业工作暨2017年高校毕业生就业创业工作电视电话会议发布信息：制造业等支柱产业拉动就业大幅增加，今年一季度，制造业新就业人数同比上升45.7%，其中装备制造业、冶金工业同比分别上升184.9%和90.5%。一般情况下，传统产业行业仍是高校毕业生就业的主渠道，所以，我们在抢抓机遇过程中要统筹兼顾，不能重视了一方面、忽视了另一方面。

就业仍须加力

现在距毕业生离校还有不到一个月时间，正值毕业生求职签约高峰期，也是做好高校毕业生就业工作的关键期。面对就业形势的新变化和新挑战，必须打好最后攻坚战，稳住就业基本盘，在经济转型中实现就业提升，以高质量就业迎接党的十九大胜利召开。

（中国教育报、中国青年网，2017年6月9日。作者荆德刚，青海省教育厅副厅长）

就业形势不容乐观，毕业生签约平均月薪降至4014元

——智联招聘2017年大学生求职指南

2017年以来，全国高校毕业生迎来了更加复杂的就业形势，795万名毕业生创历史新高。为了帮助社会、企业与高校深入了解当代大学生的求职意愿与求职行为，作为国内领先的职业发展平台，智联招聘持续关注大学生就业，特在毕业季进行此次"2017年应届毕业生求职力"调研，从求职认知、求职行为、求职结果全面分析当下毕业生的就业力。

本次问卷调研的主要对象为全国 2017 年应届高校毕业生，包括大专、本科、硕士及博士等，覆盖各地区各级高校的各专业学生。最终收回有效样本 93 420 份。

调研主要发现如下：就业形势不容乐观，毕业生签约率下降明显；就业意向进一步回归，"深造"热度回落；毕业生人数创新高，近一成选择"慢就业"；个人成长首次超越待遇，成为学生心目中理想工作的最重要标准；近四成毕业生就业岗位与专业不对口；2017 年毕业生实际签约平均月薪 4014 元，同比去年下降 751 元；男生的实际签约月薪高于女生，其中男生为 4374 元，女生为 3624 元。

一、求职认知

（一）就业形势严峻，毕业生感觉"就业更难"

从整体上看，2017 年应届大学生对我国就业形势的感知呈不乐观态度。40.8% 的应届毕业生认为就业很难，形势非常严峻，同比去年上升了 4.3%。47% 的应届毕业生认为就业有难度，但还可以接受。认为就业形势难度一般或没有难度的，仅占 10.2%。近年来，虽然我国就业环境呈现整体谨慎乐观的形势，但地区发展不平衡，人岗匹配错位等结构性矛盾依然突出，加之 2017 年我国高校毕业生达到 795 万人的历史新高，无疑将进一步增加应届毕业生在就业市场中的竞争压力。

（二）就业意向进一步回归，"深造"热度继续回落，"慢就业"现象兴起

2017 年应届毕业生的就业意向仍然以就业为主，占比为 73.5%。相较去年，选择在国内继续学习的学生比例出现大幅下降，由 2016 年的 16.5% 下降至今年的 6.3%。值得注意的是，基于近年来更多毕业生延迟就业的现象，在今年的调研中首次加入"慢就业"的选项，选择这一项的应届生比例高达 9.8%。智联招聘认为，一方面，随着越来越多的 95 后走出校园，他们对就业的选择更加多元化，也更加青睐工作与兴趣相结合。但不可否认的是，这也反映出毕业生感知到当前就业形势的严峻性，又不愿屈就不喜欢的工作，因此选择了用"慢就业"来逃避现实的竞争。

（三）个人成长首次超越待遇，成为理想工作的最重要标准

当被问及"什么是理想工作"时，有 55.9% 毕业生选择了"不断学习新东西、获得成长"，居于首位。其次是"待遇好"和"行业/公司发展有潜

力",比例分别为52.2%和34.9%。这是历年大学生就业力调研以来,自我成长首次超过对待遇的关注,成为大学生求职时最看重的因素。在"新雇主经济"时代下,新生代员工眼里的好雇主不再简单等同于高收入、好福利,谁能引领人才们内心的价值取向和诉求,谁才是众望所归的好雇主。此外,分别有25.2%和22.8%的应届毕业生关注企业氛围和工作是否符合个人兴趣。

(四) 自主不任性,理性看待加班

尽管更强调自我意识,2017年应届毕业生看待加班的态度仍比较理性。最能够被接受的加班情况是"临时性、紧急性事件",其次是"分内工作没有完成"和"项目性加班(项目需要)",占比分别为69.9%、69.1%和68.4%。此外,也有58.8%的应届毕业生出于提升自身能力的考虑,愿意主动加班。"大家都加班,迫于压力"的,占比仅为11%。

对于加班的时间,平均每周2~5小时以内是大多数应届毕业生能够接受的加班时长,比例为40.3%;其次有24.5%的毕业生希望每周加班时间控制在2小时以内;此外,也有23.1%的应届毕业生能够接受5~8小时的加班时长。

总体而言,2017届毕业生普遍对加班持有较为积极和理解的态度,对于因工作需求的加班能够正确看待。同时,他们也并不希望频繁加班或加班时间过长,反映出他们希望在工作和生活之间获得平衡,追求时间的合理分配。

二、求职行为

(一) 人均投递简历份数有所下降,求职针对性更强

调研数据显示,有41.3%的应届毕业生投递简历的份数为11~30份,比例最高;其次是10份以下的,占31.5%;此外,有24.2%的应届毕业生采取"海投"简历的方式,其中12.5%的应届毕业生投递31~50份简历,11.7%的毕业生投递51份以上的简历。

相比去年,投递简历为31~50份及51份以上的比例分别下降了2.8%和3.1%。这在一定程度上表明毕业生求职的目标性和针对性更强,盲目"海投"的情况有所减少。

(二) 面试机会更难获得,名校优势凸显

在2017年应届毕业生中,参加1~3场面试的应届毕业生比例为31.9%;参加4~5场面试的毕业生比例占27.1%;此外,有8.3%的应届毕业生没有参加过面试。

与2016年相比，2017年没有参加过面试的应届毕业生比例增加，从3%上升到8.3%。985/211院校的毕业生获得的面试机会要多于普通本科和专科院校的毕业生；分布于一线城市的院校的毕业生，面试机会要多于新一线及二线城市院校的毕业生。

三、求职结果

（一）就业形势严峻，近三成毕业生一无所获

截至2017年4月，仍然有27.7%的应届毕业生没有获得OFFER，同比上升2.9%；50.2%的应届毕业生获得了1～3个OFFER，同比下降了5.2%，进一步表明应届毕业生就业难度加大。

（二）签约率较去年同期小幅下降

截至调查为止，2017年应届毕业生仅有26.7%已经签约，相比去年同期下降了8.7%。从性别上看，男生签约比例较高，为29.5%，而女生为24.7%。从学校类型上来看，985/211类型院校相对签约比例更高，为33.9%；普通本科院校仅为27.6%，专科院校为25.2%。

三、期望与现实

（一）一线城市和新一线城市继续保持较强的吸引力

一线及新一线城市仍然是今年应届毕业生选择的主要就业地。签约在一线城市的比例最高，为33.5%；新一线城市与一线城市基本持平，为33.1%；二线城市签约比例仅为19%；三线及以下城市的签约比例为14.4%。

由于相对较低的生活成本和快速增长的就业机会，新一线城市展现出对大学生就业更加包容、接纳的一面，已经超越一线城市成为最具吸引力的就业区域。从数据看，2017年应届毕业生中希望到新一线城市就业的比例达到37.5%，高于希望到一线城市就业的比例（29.9%），同时愿意在二线城市就业的比例也达到21.3%。

但是，对比期望就业城市及实际签约城市的数据来看，虽然新一线城市就业期望最高，但是考虑到实际的就业和发展机会，一线城市仍然是大多数毕业生的最终选择。

（二）毕业生更愿进入互联网行业，传统优势金融业开始降温

从数据来看，IT、通信、电子、互联网领域仍然是应届毕业生期望签约

与实际签约领域的双料冠军。较去年不同的是，2017年期望进入IT、通信、电子、互联网领域工作的应届毕业生比例为19.4%，同比上升3%，但是实际签约比例却降低至20.3%，同比降低了9.2%。受到国内创业热潮及互联网公司快速发展的影响，越来越多的应届毕业生被互联网行业吸引，但是受限于企业发展和实际劳动力需求量的影响，并没有那么多的毕业生如愿以偿。

金融行业较去年相比，无论是期望进入还是实际签约比例都有了小幅下滑，分别下降3.4%和5.9%。另一个变化比较明显的领域是政府/非营利机构，期望签约的比例大幅下降，跌落至5%，同比降低了6.6%，而实际签约比例也仍然维持在低位。

（三）应届生实际签约平均月薪4014元，降幅明显，期望与实际差距进一步拉大

纵观2014年至2017年，应届毕业生的期望月薪及实际签约月薪均有所下降。相比2016年，2017年期望月薪仅降低110元，而实际签约月薪较去年降幅达到751元。另外，2017年应届毕业生的期望平均月薪与实际签约的平均月薪差值达到861元，相比去年差距进一步拉大。

从不同性别来看，男生的实际签约月薪高于女生，其中男生为4374元，女生为3624元。从不同专业来看，法学、工学、医学的实际签约月薪较高，平均月薪分别是5545元、4512元、4500元，同去年相比，平均实际签约月薪均有所下降。教育学、农学的实际签约月薪偏低，分别为3258元和3184元。

此外，智联招聘调查还发现，平均月薪最高的为IT、通信、电子、互联网行业，应届生实际签约月薪为4867元，同比去年下降826元。其次是金融业和交通/运输/物流/仓储行业，平均签约月薪分别是4692元和4457元。农林牧渔和服务业是应届毕业生签约实际行业中薪资水平较低的行业，月薪分别为3347元和3115元。

（四）近四成毕业生就业岗位与专业不对口

毕业生就业专业对口率呈现下降趋势，专业对于工作的影响进一步减少。2017年有38.5%的毕业生选择了与专业不对口的工作，同比去年上升了5.7%。专业对口率的下降，折射出我国高校专业设置与社会和用人单位的实际需求间存在着结构性矛盾。另外，现代社会发展迅速，"互联网+""共享经济""社群经济"等新的产业、商业和市场模式创造了许多新兴行业和职位，产生出大量新的职业需求，如网红、微商、自媒体等，多元化的就业通

道给大学生带来了更广泛的选择和机会，也使"学什么不一定干什么"的理念被越来越多的人认可。

从不同专业来看，医学、文学和工学专业学生的就业对口率较高，分别为 84.2%、65.9% 和 65.2%。另外，教育学、理学、农学专业的学生就业对口率较低，分别为 55.2%、48.5% 和 47.1%。此外，从不同性别来看，男生就业对口率高于女生，男生为 65.5%，女生为 57.3%。

整体来看，2017 年毕业生就业意向呈现上升趋势，"深造"热情回落，另外有相当比例的学生选择"慢就业"。同时不论是期望月薪，还是实际签约月薪，均呈现了下降的态势。面对 2017 年更加严峻和复杂的就业环境，更多应届毕业生也表现出了对就业的担忧。智联招聘专家建议，应届毕业生们应该更清晰认识当前的就业形势，在接下来的时间中合理利用招聘网站和校园招聘会，主动出击、精准投递简历，适当减低求职期望值和观望心态，尽早签约合适的工作岗位。

（长江网，2017 年 5 月 27 日）

从上述新闻的调查数据来看，2017 年就业形势依然不容乐观，莘莘学子也感受到了未来的压力。四年或三年的大学时光转瞬即逝，这就需要大学生在入校时就要有清醒的认识和规划，如何在众多的求职者脱颖而出，这是值得新生思考的问题；应该怎样进行职业生涯规划，创造一个完美的未来。

第二章　规划大学

一个大学校长这样说：学生在大学里，实际上是学四种东西：一是学怎样读书（learn to learn）；二是学怎样做事（learn to do）；三是学怎样与人相处（learn to together）；最后是学怎样做人（learn to be）。

罗马不是一天建成的，职业生涯规划需要与大学生活学习同步进行，从跨入校门的那一刻开始，就要准备为将来就业做好铺垫。

大一新生从入学开始，就应寻找适合自身发展职业所需的知识、技能、兴趣、爱好，尽早进行明确定位，最终实现个体与职业的匹配，体现个体价值的最大化。

一、珍惜时间

进入大学阶段，课业任务相对高中时期轻松了许多，可供学生自由支配的时间相对较多，而有些同学沉迷于网络。随着科技的发展和网络的普及，"手机控"成为大部分大学生的代名词，沉迷于"王者荣耀"等手机游戏，微信、微博等社交软件的大学生无形中浪费了大量的时间（见图2-1）。

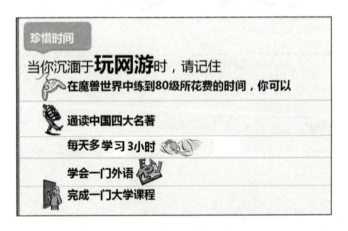

图2-1 沉湎网游浪费了大量时间

二、确定目标

哈佛大学有一个非常著名的关于目标对人生影响的跟踪调查。对象是一群智力、学历、环境等条件都差不多的年轻人，调查结果如图2-2所示。

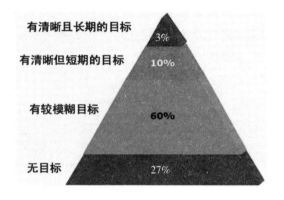

图 2-2　目标对人生影响调查结果图

25 年后被调查的人的情况如下。

3%有清晰且长远目标的人：25 年来几乎都不曾更改过自己的人生目标。他们都朝着同一个方向不懈地努力，现在，他们几乎都成了社会各界的顶尖成功人士，他们当中不乏白手创业者、行业领袖、社会精英。

60%有较模糊目标的人：几乎都生活在社会的中下层面，他们能安稳地生活与工作，但都没有什么特别的成绩。

27%无目标的人：几乎都生活在社会的最底层，他们的生活都过得很不如意，常常失业，靠社会救济，并且常常都在抱怨他人，抱怨社会，抱怨世界。

我们再来看一个真实的案例：1952 年 7 月 4 日，一个名叫弗罗伦丝·查德威克的 34 岁的妇女，她要游过英吉利海峡。那天雾很大，她连护送她的船几乎都看不见，海水温度很低，冻得她身体发抖。时间一小时一小时过去了，千千万万人在电视机前注视着她。她游了 15 个小时，全身发抖麻木，她叫人拉她上船。她母亲和教练在另一条船上对她喊：海岸很近了，但她朝海岸望去，什么也看不见。55 分钟后她终于上了船。她对记者说：我不是为自己找借口，如果当时能看见陆地，也许我能坚持下来。两个月后，在一个没雾的天气里，她成功地游过了英吉利海峡。

所以，你想度过怎样的三年，全都由你做主。

不要以为升本、考研遥不可及，也不要因为基础不好而自惭形秽，每年辽宁现代服务职业技术学院的毕业生里都有考上理想院校研究生的学长学姐们，更不乏有在各个领域做出杰出成就的校友们。早一点确定目标，不断学习，努力奋斗，一步一步接近理想实现目标。如何确定人生目标，请参考成长加速度、沉沦加速度曲线图（见图2-3）。正如那句流行的网络语："梦想一定要有，万一实现了呢！"

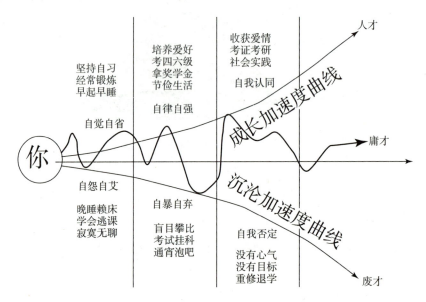

图2-3　成长加速度、沉沦加速度曲线图

三、加强学习

在大学阶段，学生最主要的任务是学习。大学阶段的学习是掌握知识、丰富自身、完善和提升人的整体素质的认识活动。只有坚持学习才能离你的梦想更近一步。因此，大学阶段的学习仍然需要感知、记忆、思维和想象的参与，仍然需要非智力因素的促进作用。但是，大学里学习内容的加深、学习环境的变迁以及学习要求的不同，呈现出以下特点。

第一，在学习目标上。大学里的学习目标是在德智体全面发展的前提之下，掌握更加精深的专门知识，培养奋发进取的科学研究素质，成为高层次的专门人才。因此，大学生必须努力学习马列主义、毛泽东思想、邓小平理论，以先进的政治理论武装自己；必须了解和掌握本专业广博的基础知识，形成宽厚而坚实的丰富的专业素养；必须具有从事本专业科学研究的较高的水平。本学院的相关课程是考试课，因此入学后请不要忽视此类课程的学习。

第二，在学习内容上。大学的学习内容更加强调精深和广博，在广博的基础上求专长，在专业学习的基础上求拓展和创新。大学生在校学习的是某一门专业的学科知识，同时兼顾其他内容的知识。围绕某一门专业学习，可以有多种参考书，可以有多个不同的观点。除了课上教师讲授的内容外，教师会推荐给学生相关阅读书籍，拓展学生知识面。

第三，在学习方式上。大学生的学习方式以自学为主，往往是教师领进门，做启发性的指导和答疑解惑，大量的时间要靠大学生自己去支配和决策：什么时间应该学习什么，应该花费多长时间学习课堂知识，应当用多长时间自己去查阅资料、补充笔记和进行课余思考。这就需要学生找到适合自己的学习方法，提高学习效率。有一部分大学生依然沿袭高中的学习方式，完全寄托于教师课上讲授内容，虽然勤勤恳恳，但成绩却不显著，就是源于没有掌握适合大学阶段的自主学习的方法。一般而言，大学生在本学院要在三年中学习30门左右的课程。本学院实行学分制，大学生还可以根据自己的学习能力和时间安排，自我确定学习的内容和课程，确定学院的选修课。

第四，在教学管理上。大学生学习上需要的是高度的自觉性和计划性。按照专业培养目标，大学生可以根据自己的兴趣爱好，发挥自己的创造性。大学里的规章制度和学习纪律只是用来约束和规范学生的行为，更重要的是学生自觉遵守纪律，养成良好的学习习惯，强调自主学习。当然，强调大学生学习自主，并不是许可大学生"为所欲为"，不受纪律约束。在大学，基本的教学管理秩序还是要得以保障的。本学院在教学管理上历来严格，例如对旷课时间超过课程课时的学生取消考试及补考资格，所以一年级新生，不要听信所谓的"没逃过课就等同于没上过大学"的说法，对于旷课的后果还是要自己承担的。

第五，在社会实践上。在大学阶段，除了课堂学习之外，有很大的使用空间属于大学生自己，这就为开展和从事社会实践活动提供了时间和客观保障。

只有了解大学里的学习特点，才能尽早平稳过渡"心理不适应期"，才能树立起新的学习观，才能真正在大学里达到发展与健全自己素质的目标。

除了大学阶段特有的学分制、考查考试课、小组作业等教学方式和活动，本学院以礼文化为依托打造的特色教育一定会为你带来不一样的学习体验。大学英语分级授课，大学语文、思想政治理论课引入慕课教学，大学生素质教育系列活动，都为在校生设计了科学合理的学习任务。端正学习态度是完成大学阶段学业的充分条件。希望三年以后你带着一身本领走出母校的大门时，母校给予你的技能和终身学习的精神能够陪伴你一生，这样方能实现人才的可持续发展。为此，本学院教师精选了古今中外名人名家读书求学的名言、诗歌、故事，供大家学习参考。

第二部分

劝学名篇精选

第三章　立志篇

一、古　　诗

神童诗（节选）

宋·汪洙

少小须勤学，文章可立身；
满朝朱紫贵，尽是读书人。
学问勤中得，萤窗万卷书；
三冬今足用，谁笑腹空虚。
自小多才学，平生志气高；
别人怀宝剑，我有笔如刀。
朝为田舍郎，暮登天子堂；
将相本无种，男儿当自强。

【助读材料】

注释： 立身：自立成人。朱紫：指达官显贵。唐制，官员五品以上穿红色的官服，三品以上穿紫色官服。故诗文中常以朱紫色代指高官。萤窗：晋人车胤，家贫无钱买灯油，就捕捉许多萤火虫放在丝囊中，供夜读时照明。后人便常以萤窗、萤案比喻刻苦读书。三冬：像三春、三秋一样，指三年。田舍郎：农夫、村夫。"将相"句：意谓当将相之人并非生来就是，语出《史记·陈涉世家》。

赏析：《神童诗》是一篇影响广泛的劝学启蒙诗。诗中鼓励"少小勤学""男儿自强"的精神，在今天仍然是值得提倡的。

2.

言 志 诗

明·杨继盛

读律看书四十年,乌纱头上有青天。
男儿欲画凌烟阁,第一功名不爱钱。

【助读材料】

作者简介:杨继盛(1516—1555),明代著名谏臣。明正德十一年(1516年)生于河北容城。其父母早亡,生活孤苦,白天放牛,晚间访师问友,深夜秉烛长读,终在嘉靖年间得中进士,官至兵部员外郎。

二、名人故事

爱迪生"读书"
—— 读书、学习要有目标和志向

伟大的科学家爱迪生，童年时被视为"低能儿"，只上了三个月学便离开了学校。12岁那年，他当上了火车上的报童。火车每天在底特律停留几小时，他就抓紧时间到市里最大的图书馆去读书。不管刮风下雨，从不间断。当时，他随着兴致所至，任意在书海里漫游，碰到一本读一本，既没有方向，也没有目标。有一天，爱迪生正在埋头读书，一位先生走过来问："你已读了多少书啦？"爱迪生回答："我读了十五英尺（合4.57米）高的书了。"这位先生听后笑道："哪有这样计算读书的？你刚才读的那本书，和现在读的这本完全不同，你是根据什么原则选择书籍呢？"爱迪生老老实实地回答："我是按书架上图书的次序读的。我想把这图书馆里所有的书，一本接着一本都读完。"这位先生认真地说："你的志向很远大。不过如果没有具体的目标，学习效果是不会好的。"这席话对爱迪生触动很大，成为他确立学习方向的一个转机。他根据自己的爱好、兴趣和专业目标，把读书的范围逐步归拢到自然科学方面，特别注重电学和机械学。定向读书，终于使他掌握了系统而扎实的知识，成了伟大的科学家、发明家。

文天祥少年正气

南宋末年著名的民族英雄文天祥,少年时生活困苦,在好心人的帮助下才有机会读书。一次,文天祥被有钱的同学误会是小偷,他据理力争,不许别人践踏自己的尊严,终于证明了自己的清白,而且通过这件事,文天祥更加树立了远大的志向。

林则徐对联立志

这个故事讲的是清代著名的民族英雄林则。林则徐小时候就天资聪慧,在两次机会下,做了两副对联。

第一次,地方文人找林则徐的父亲对对联,出上联"鸭母无鞋光洗脚",让林则徐父亲对下联,在旁边玩耍的小孩子林则徐抢先应对下联:"鸡公有髻不梳头。"

第二次,林则徐和同学们爬到海边山崖上,老师说:我们站在山上看大海,请你们做一副对联,要求上下联分别含有"海"字和"山"字。年龄最小的林则徐立刻答道:"海到无边天作岸,山登绝顶我为峰。"

这两副对联表达了林则徐的远大志向。林则徐不仅敢于立志,而且读书刻苦,长大后成就了一番大事业,受到了后人的敬仰。

陈平忍辱苦读书

西汉名相陈平,少时家贫,与哥哥相依为命,为了秉承父命,光耀门庭,他不事生产，闭门读书，却为大嫂所不容。为了消弭兄嫂的矛盾，面对一再羞辱，陈平隐忍不发。随着大嫂的变本加厉，陈平终于忍无可忍，出走离家，欲浪迹天涯。他被哥哥追回后，又不计前嫌，阻兄休嫂，在当地传为美谈。终有一老者，慕名前来，免费收陈平为徒授课。学成后，陈平辅佐刘邦，成就了一番霸业。

岳飞学艺

民族英雄岳飞生逢乱世，自幼家贫，在乡邻的资助下，拜陕西名师周桐习武学艺。期间，岳飞目睹了山河破碎、百姓流离失所的惨状，萌发了学艺报国的志向。寒暑冬夏，他苦练不辍，在名师周桐的悉心指导下，终于练成了岳家枪，并率领王贵、汤显等伙伴，加入到了抗金救国的爱国洪流中。

陆羽弃佛从文

唐朝著名学者陆羽，从小是个孤儿，由智积禅师抚养长大。陆羽虽身在庙中，却不愿终日诵经念佛，而是喜欢吟读诗书。陆羽执意下山求学，遭到了禅师的反对。禅师为了给陆羽出难题，同时也是为了更好地教育他，便叫他学习茶艺。在钻研茶艺的过程中，陆羽遇到了一位好心的老婆婆，他不仅学会了复杂的冲茶技巧，而且学会了不少读书和做人的道理。当陆羽最终将一杯热气腾腾的苦丁茶端到禅师面前时，禅师终于答应了他下山读书的要求。后来，陆羽撰写了广为流传的《茶经》，将祖国的茶艺文化发扬光大。

唐伯虎潜心学画

唐伯虎是明朝著名的画家和文学家,小的时候在画画方面显示了超人的才华。唐伯虎拜师,拜在大画家沈周门下,学习自然更加刻苦勤奋,掌握绘画技艺很快,深受沈周的称赞。不久,一向谦虚的唐伯虎渐渐地产生了自满的情绪,沈周看在眼中,记在心里。一次吃饭,沈周让唐伯虎去开窗户,唐伯虎发现自己手推的窗户竟是老师沈周的一幅画,唐伯虎非常惭愧,从此潜心学画。

叶天士拜师潜学

叶天士自恃医术高明,看不起同行薛雪。有一次,叶天士的母亲病了,他束手无策,多亏薛雪不计前嫌,治好了他母亲的病。从此,叶天士明白了天外有天、人上有人的道理。于是他寻访天下名医,虚心求教,终于成了江南第一名医。

李白读书

李白读书,胸怀壮志,博古通今,意在实用。他说:"白上探玄古,中观人世,下察交道。"(《送戴十五归衡岳序》)上下相接,一气贯通,这需要多大的魄力。

他又说:"怀经济之才,抚巢由之节,文可以变风俗,学可以究天人。"(《为宋中丞自荐表》)观其一生所为,此言并非虚构。大概诗人的桂冠,不像如今这样值钱。李白虽在少年时代便已写得一手好诗,但他并不标榜自己将来想做个什么诗人,而是口口声声要探讨社会,要研究人生,要有经济之才,然后凭借自己的本事,去辅佐明主,改变世俗,振兴社稷。李白这种思想,深受前贤先哲的影响。如屈原非常憎恨当时污浊的世道,苦心焦思,希望改革。司马迁在《报任安书》中,说他写《史书》的目的,是"欲究天人之际,通古今之变,成一家之言"。李白继承了他们的思想政治抱负。

第四章 勤学篇

一、古　诗

1.

劝　学

唐·颜真卿

三更灯火五更鸡，正是男儿读书时。
黑发不知勤学早，白首方悔读书迟。

【助读材料】

译文：每天三更半夜到鸡啼叫的时候，是男孩子们读书的最好时间。少年时不知道勤奋学习，到老的时候才后悔自己年少时为什么不知道要勤奋学习。

赏析：《劝学》是唐朝诗人颜真卿所写的一首古诗。劝勉青少年要珍惜少壮年华，勤奋学习，有所作为，否则，到老一事无成，后悔已晚。这首诗使青少年初步理解人生短暂的道理，从而提高学习的积极性。诗歌以短短的28个字便揭示了这个深刻的道理，达到了催人奋进的效果。

书　院

宋·刘过

力学如力耕，勤惰尔自知。
但使书种多，会有岁稔时。

【助读材料】

作者简介：刘过（1154—1206），宋朝人，字改之，号龙洲道人，吉州太和（今江西泰和）人。曾伏阙上书，力陈恢复方略，未被采纳而落拓江湖。宁宗时，曾为辛弃疾幕僚，常以词唱和。其词多写政治抱负和抒发怀才不遇的感慨。

译文：努力学习和努力耕田一样，辛勤和懒惰只有你自己知道。只要多读书播下种子，自然会有丰收的时候。

3.

寒夜读书
宋·陆游

韦编屡绝铁砚穿,口诵手抄那计年。
不是爱书即欲死,任从人笑作书癫。

【助读材料】

作者简介:陆游(1125—1210)字务观,号放翁,越州山阴(今浙江绍兴)人。高宗时应礼部试,为秦桧所排斥而仕途不畅。后孝宗即位,赐进士出身,曾任镇江、隆兴通判,官至宝章阁待制。晚年退居家乡。他是南宋的大诗人,词也很有成就。有《剑南诗稿》《放翁词》传世。

译文:用来系书简的绳子都断了好几次,铁制的砚台都被磨穿了。口里诵读、手中抄写着书的内容也不知多少年了。如果不是因为爱读书而活着,那还不如死去,随便别人怎么笑话我是个"书癫"吧。

二、名人故事

陶渊明"指点迷津"

有位书生一心想具有渊博的知识,却又不愿下苦功夫读书,于是他就向当时著名的诗人陶渊明请教学习的捷径。这位书生说明来意后,陶渊明把他领到自己耕种的稻田边,指着稻子说:"你仔细看看稻子是不是在长高?"书生看了半天,眼睛都瞅酸了也没有看出稻子的变化。陶渊明说:"为什么春天的稻苗会变成现在尺把高的稻子呢?"陶渊明又把这位书生领到河边的一块磨刀石旁问:"磨刀石为什么中间出现像马鞍形状的凹面呢?"书生说:"磨下去的。"陶渊明接着又问:"它可是一天磨成的吗?"

陶渊明说:"你是否从这两件事情上明白了学习的道理呢?勤学如春起之苗,不见其增,日有所长;辍学如磨刀石,不见其损,日有所亏啊!"书生听了陶渊明的这一席话,茅塞顿开,羞愧地说:"多谢先生指教,你使我懂得了学习是没有捷径的,只有勤奋好学才能成功啊!"

的确,学习是没有捷径可走的。这正如我国伟大的文学家、思想家、革命家鲁迅先生所说:"伟大的成绩和辛勤的劳动是成正比例的,有一分劳动就有一分收获,日积月累,从少到多,奇迹就会创造出来。"我们的祖先有许多名言警句也说明了这一点:"书山有路勤为径,学海无涯苦作舟。""学如逆水行舟,不进则退。"

如果说学习有捷径的话,那只能说学习要有科学的学习方法。爱因斯坦在回答他是怎样取得伟大的科学成就时,总结出了一个"成功方程式",即:$W = X + Y + Z$。W代表成功,X代表刻苦努力,Y代表方法正确，Z 代表不说空话。

2.

刘绮燃荻读书

梁代时彭城人刘绮，"早孤家贫，灯烛难办，常买荻折之，燃荻为灯"，发奋读书。

3.

苏廷吹火读书

苏廷"少不得父意，常与仆夫杂处，而好学不倦。每欲读书，总无灯烛，尝于马厩中，借火照书诵焉，其苦如此"。

4.

匡衡凿壁偷光

西汉时期，有一个特别有学问的人，叫匡衡。匡衡小的时候家境贫寒，为了读书，他凿通了邻居文不识家的墙，借着偷来的一缕烛光读书，终于感动了邻居文不识。在大家的帮助下，小匡衡学有所成。在汉元帝的时候，由大司马、车骑将军史高推荐，匡衡被封郎中，迁博士。

5.

囊萤映雪

晋代车胤少时家贫，没钱买灯油，而又想晚上读书，便在夏天晚上抓一把萤火虫来当灯读书。晋代孙康冬天夜里利用雪映出的光亮看书。

屈原洞中苦读

屈原小时候不顾长辈的反对，不论刮风下雨，天寒地冻，躲到山洞里偷读《诗经》。经过整整三年，他熟读了《诗经》305 篇，他从这些民歌民谣中吸收了丰富的营养，终于成为一位伟大诗人。

范仲淹断齑划粥

范仲淹从小家境贫寒，为了读书，他省吃俭用。终于，他的勤奋好学感动了寺院长老，长老送他到南都学舍学习。范仲淹依然坚持简朴的生活习惯，断齑划粥，不接受富家子弟的馈赠，以磨砺自己的意志。经过刻苦攻读，他终于成了伟大的文学家。

陆游书巢勤学

南宋诗人陆游从小就刻苦勤奋、敏而好学。他的房子里、桌子上摆的是书，柜中装的是书，床上堆的也是书，被称作"书巢"。他勤于创作，一生留下了 9000 多首诗，成为我国历史上一位杰出的文学家。

9.

刘勰佛殿借读

夜深了，佛殿里忽然传来朗朗的读书声，小和尚们吓坏了，以为里面有鬼，立刻报告给老和尚。于是，老和尚带领小和尚捉鬼，没想到"鬼"原来是一个叫刘勰的穷孩子，他在借佛灯读书呢。南朝梁代的刘勰，经过刻苦学习，终于成了伟大的文学家。

10.

顾炎武手抄书

明末清初的思想家顾炎武童年非常不幸，天花病差点夺走了他的生命。虽然顾炎武体弱多病，但是在母亲的教导和鼓励下，他勤奋苦读，以过人的毅力手抄《资治通鉴》，后来终于成为一代大学者。

11.

欧阳修荻草代笔

北宋大文学家欧阳修，自幼天资过人，但是由于家境贫寒，家里无钱买纸买笔。欧阳修的母亲郑氏为了让儿子习文练字，想出了一个巧妙的办法，用荻草代替毛笔教小欧阳修写字。欧阳修勤奋刻苦，练成了一手好字，成为远近闻名的神童，而这种刻苦精神也影响了他的小伙伴李尧辅，李尧辅也走上好学之路。

12.

蒲松龄草亭路问

清代文学家蒲松龄在路边搭建茅草凉亭,记录过路行人所讲的故事。经过几十年如一日地辛勤搜集,加上自己废寝忘食的创作,他终于完成了中国古代文学史上划时代的辉煌巨著《聊斋志异》。

13.

贾逵隔篱偷学

贾逵,字景伯,出生于公元30年,东汉人,是有名的经学家、天文学家。他是西汉名家贾谊的九世孙。父亲贾徽也是一个大学问家。贾逵深受家庭的影响,从小聪慧过人。为了能够读书,贾逵小时候经常隔着竹篱笆,偷听老师讲课。

14.

宋濂冒雪访师

明朝著名散文家、学者宋濂自幼好学,他不仅学识渊博,而且写得一手好文章,被明太祖朱元璋赞誉为"开国文臣之首"。

宋濂很爱读书,遇到不明白的地方总要刨根问底。一次,宋濂为了搞清楚一个问题,冒雪行走数十里,去请教已经不收学生的梦吉老师。但老师不在家,宋濂并不气馁,几天后再次拜访老师,但老师没有接见他。因为天冷,宋濂和同伴都被冻得够呛,宋濂的脚趾都被冻伤了。当宋濂第三次独自拜访的时候,掉入了雪坑中,幸好被人救出。当宋濂几乎晕倒在老师家门口的时候,老师被他的诚心所感动,耐心解答了宋濂的问题。后来,宋濂为了求得更多的学问,不畏艰辛困苦,拜访了很多老师,最终成了闻名遐迩的散文家。

15.

悬梁刺股

战国时期,洛阳城有一个人名叫苏秦,为了日后能有出息,他拼命读书。有时读得太疲倦了,免不了要打瞌睡,于是,他想了个办法——拿着一把锥子,瞌睡来了,就刺一下大腿,痛了,也就睡不着了,以便继续读下去。

无独有偶,汉朝的孙敬,人称"闭户先生",常常独自关门读书。有时实在太累,为了防止打瞌睡,他用一根绳子,一头系在梁上,一头结着头发,让头颈正直地吊住。这样,如果打瞌睡,就会扯痛头发,立刻惊醒。于是,后人用"悬梁刺股"来形容勤学好读的精神。

16.

少年包拯学断案

包拯包青天,自幼聪颖,勤学好问,尤喜推理断案,其家父与知县交往密切,包拯从小耳濡目染,学会了不少的断案知识。在焚庙杀僧一案中,包拯根据现场的蛛丝马迹,剥茧抽丝,排查出犯罪嫌疑人后,又假扮阎王,审清事实真相,协助知县缉拿了凶手,为民除害。他努力学习律法刑理知识,为长大以后断案如神、为民申冤,打下了深厚的知识基础。

17.

万斯同闭门苦读

清朝初期的著名学者、史学家万斯同参与编撰了我国重要史书《二十四史》。但万斯同小的时候也是一个顽皮的孩子。万斯同由于贪玩,在宾客们面前丢了面子,遭到了宾客们的批评。万斯同恼怒之下,掀翻了宾客们的桌子,被父亲关到了书屋里。万斯同从生气、厌恶读书,到闭门思过,并从《茶经》中受到启发,开始用心读书。转眼一年多过去了,万斯同在书屋中读了很多书,父亲原谅了儿子,而万斯同也明白了父亲的良苦用心。万斯同经过长期的勤学苦读,终于成为一位通晓历史、遍览群书的著名学者,并参与了《二十四史》的编修工作。

18.

王献之依缸习字

王献之是王羲之的第七个儿子,自幼聪明好学,在书法上专工草书隶书,也善画画。他七八岁时始学书法,师承父亲。

有一次,王羲之看王献之正聚精会神地练习书法,便悄悄走到背后,突然伸手去抽王献之手中的毛笔,王献之握笔很牢,没被抽掉。父亲很高兴,夸赞道:"此儿后当复有大名。"小献之听后心中沾沾自喜。还有一次,王羲之的一位朋友让王献之在扇子上写字,王献之挥笔便写,突然笔落扇上,把字污染了,王献之灵机一动——一只小牛栩栩如生于扇面之上。再加上众人对王献之书法绘画赞不绝口,王献之滋长了骄傲情绪。王献之的父母看此情景,若有所思……

一天,王献之问母亲郗氏:"我只要再写上五年就行了吧?"妈妈摇摇头。"十年总行了吧?"妈妈又摇摇头。王献之急了,冲着妈妈说:"那您说究竟要多长时间?""你要记住,写完院里这18缸水,你的字才会有筋有骨、有血有肉,才会站得直立得稳。"

王献之心中不服,啥都没说,一咬牙又练了五年。他把一大堆写好的字给父亲看,希望听到几句表扬的话。谁知,王羲之一张张掀过,一个劲地摇头。掀到一个"大"字,父亲现出了较满意的表情,随手在"大"字下加了一个点,然后把字稿全部退还给王献之。王献之心中仍然不服,又将全部习字抱给母亲看,并说:"我又练了五年,并且是完全按照父亲的字练的。您仔细看看，我和父亲的字有什么不同？"母亲果然认真地看了三天，最后指着王羲之在"大"字下加的那个点儿，叹了口气说："吾儿磨尽三缸水，唯有一点似羲之。"王献之听后泄气了，有气无力地说："难啊！这样下去，啥时候才能有结果呢？"母亲见他的骄气已经消尽了，就鼓励他说："孩子，只要功夫深，就没有过不去的河、翻不过的山。你只要像这几年一样坚持不懈地练下去，就一定会达到目的！"

王献之听完后深受感动，又锲而不舍地练下去。功夫不负有心人，王献之练字用尽了18大缸水，在书法上突飞猛进。后来，王献之的字也到了力透纸背、炉火纯青的程度，他的字和王羲之的字并列，被人们称为"二王"。

19.

朱元璋放牛读书

放牛娃出身的朱元璋，从小连私塾都没有念过，但是他聪颖过人，勤学好问。

朱元璋小时候家里穷，交不起学费上学，于是他很早就帮家里放牛。

在放牛的时候，他和其他小孩不一样，别人在玩闹，朱元璋就坐在树荫下看起书来。在夜晚，他就借别人的书连夜抄下来。

朱元璋刻苦读书，遇到不懂的地方，就虚心请教有学问的人。就这样，放牛娃朱元璋成了有学问的人，最后还成了明朝的开国皇帝。

20.

柳公权戒骄成名

柳公权从小就显示出在书法方面的过人天赋，他写的字远近闻名。他也因此有些骄傲。不过，有一天他遇到了一个没有手的老人，竟然发现老人用脚写的字比用他手写得还好。从此，他时时把"戒骄"记在心中，勤奋练字，虚心学习，终于成为一代书法大家。

21.

王十朋苦学书法

王十朋从小聪颖过人，文思敏捷，可是书法却不尽如人意。于是，他痛下决心，一定要练好书法。终于，在宝印叔叔的指点下，他终于悟到了书法真谛，成为了一名书法家。

22.

王羲之吃墨

被后人称为"书圣"的王羲之，小的时候每天刻苦练字，他的字却被老师卫夫人称作是死字，王羲之很是苦恼。

有一次，王羲之在书房中聚精会神地练字，竟然忘了吃饭，他母亲只好让书童给他把饭送过来，有馒头，还有蒜泥。当他母亲来到书房看王羲之的时候，她大笑起来，原来王羲之边吃馒头边看字帖，误将墨汁当成蒜泥蘸着吃了，弄得满嘴乌黑。于是，留下了王羲之吃墨的故事。

23.

鲁迅嚼辣椒驱寒

鲁迅先生从小认真学习。少年时，他在江南水师学堂读书，第一学期成绩优异，学校奖给他一枚金质奖章。得到奖章后，他立即拿到南京鼓楼街头卖掉，然后买了几本书，又买了一串红辣椒。每当晚上寒冷时，夜读难耐，他便摘下一颗辣椒，放在嘴里嚼着，直辣得额头冒汗。他就用这种办法驱寒坚持读书。后来鲁迅终于成为我国著名的文学家。他的一些读书方法也流传至今。

24.

王亚南睡三脚床

王亚南小时候胸有大志，酷爱读书。他在读中学时，为了争取更多的时间读书，特意把自己睡的木板床的一条腿锯短半尺，成为"三脚床"。每天读到深夜，他疲劳时上床去睡一觉，后迷糊中一翻身，床向短腿方向倾斜过去，他一下子被惊醒，便立刻下床，伏案继续夜读。天天如此，从未间断。结果他年年都取得优异的成绩，被誉为班内的"三杰"之一。

王亚南由于少年时刻苦读书，后来终于成为我国杰出的经济学家。

25.

顾炎武自督读书

"天下兴亡，匹夫有责"这句家喻户晓的名言，是由明末清初的爱国主义思想家、著名学者顾炎武最先提出的。

顾炎武自幼勤学。他6岁启蒙，10岁开始读史书、文学名著。11岁那年，他的祖父蠡源公要求他读完《资治通鉴》，并告诫说："现在有的人图省事，只浏览一下《纲目》之类的书便以为万事皆了了，我认为这是不足为取的。"这番话使顾炎武领悟到，读书做学问是件老老实实的事，必须认真地对待。顾炎武勤奋治学，他采取了"自督读书"的措施：首先，他给自己规定每天必须读完的卷数。其次，他限定自己每天读完后把所读的书抄写一遍。他读完《资治通鉴》后，一部书就变成了两部书。再次，要求自己每读一本书都要做笔记，写下心得体会。他的一部分读书笔记，后来汇成了著名的《日知录》一书。最后，他在每年春秋两季，都要温习前半年读过的书籍，边默诵，边请人朗读，发现差异，立刻查对。他规定每天这样温课200页，温习不完，决不休息。

第五章　惜时篇

一、古　　诗

长歌行·青青园中葵

青青园中葵，朝露待日晞。
阳春布德泽，万物生光辉。
常恐秋节至，焜黄华叶衰。
百川东到海，何时复西归？
少壮不努力，老大徒伤悲。

【助读材料】

译文：早晨，园中有碧绿的葵菜，晶莹的朝露等待在阳光下晒干。春天把幸福的希望洒满了大地，所有生物因此都呈现出一派繁荣生机。常常担心瑟瑟的秋天来到，花和叶都变黄衰败。千万条大河奔腾着东流入大海，什么时候才能再向西流回来？少壮年华时不发奋努力，到老来只能是空余悔恨了。

赏析：乐府诗是最能代表汉代诗歌成就的一种体裁。它常采用赋、比、兴、互文、反复歌咏的修饰手法及铺陈、对比、烘托等手法状物抒情，这首《长歌行·青青园中葵》便代表了这种特色。作者借百川归海、一去不回来比喻韶光之匆匆易逝，感慨"少壮不努力，老大徒伤悲"，劝勉世人要珍惜光阴，有所作为。全诗从青葵起兴，联想到四季变化，又以江河作比，得出应当抓紧时间奋发努力的结论，其比兴手法是很明显的。

2.

杂　诗
晋·陶渊明

人生无根蒂，飘如陌上尘。
分散逐风转，此已非常身。
落地为兄弟，何必骨肉亲！
得欢当作乐，斗酒聚比邻。
盛年不再来，一日难再晨。
及时当勉励，岁月不待人。

【助读材料】

译文：人生在世没有根蒂，漂泊如路上的尘土。生命随风飘转，此身历尽了艰难，已经不是原来的样子了。世人都应当视同兄弟，何必亲生的同胞弟兄才能相亲呢？遇到高兴的事就应当作乐，有酒就要邀请近邻共饮。一生中精力充沛的青年时期不会再重复出现了，一天过去了，早晨也不会再出现了。应当趁年富力强之时勉励自己，光阴流逝，时不再来。

3.

金 缕 衣
唐·杜秋娘

劝君莫惜金缕衣，劝君惜取少年时。
有花堪折直须折，莫待无花空折枝。

【助读材料】

作者简介：杜秋娘系金陵人，15岁嫁唐宗室李锜为妾，后李锜谋反被杀，她被籍入宫中，有宠于宪宗。穆宗即位后，命她作皇子傅母，后赐归故里，穷老无依。

赏析：本诗告诫青少年切莫蹉跎岁月，否则将会"空悲切"。这首诗在艺术上并非上乘，但是一首很有名的劝喻诗，可诵可传。诗可理解为惜阴，亦可理解为及时行乐，但主题应为劝人及时进取，不要"白了少年头，空悲切"。

白鹿洞诗二首·其一

唐·王贞白

读书不觉春已深,一寸光阴一寸金。
不是道人来引笑,周情孔思正追寻。

【助读材料】

作者简介:王贞白,字有道,江西信州永丰(今上饶地区)人,生卒年不详。唐代乾宁二年(895年)中进士。七年之后,诏翰林学士陆扆(昭宗时宰相)于内殿复试,王贞白中选,始授校书郎之职。故其诗友郑谷有诗云:"殿前新进士,阙下校书郎。"他曾与诗友罗隐、方干、贯休诗歌酬唱,结为至交。王贞白后来隐居教授著书,勤奋不辍,以道学自任,其品德和学问为时人推崇。著有《灵溪集》七卷,在《全唐诗》中存诗一卷60余首,是晚唐颇负盛名的诗人。

王贞白文思敏捷,才华卓绝,"学力精赡,笃志于诗"。其诗清秀典雅,辞意工丽。他还喜于游历,一生中遍访名山大川。他写下了不少反映边塞生活,描绘边塞风光,激励士气的作品,关爱之情,亲切感人。对军旅之劳顿、战争之景象尤其写得气势豪迈,色彩浓烈,音调铿锵,是当时少有的边塞诗人之一。他对生活在最底层的农民的生活,也有深刻反映,诗歌中有针砭时政的辛辣味和对腐败官吏的痛恨心。

赏析:白鹿洞肇始于唐代贞元年间,其时乃至以后很长一段时间它还并非是一所学校或书院,而仅仅是文人墨客隐居读书的场所。关于白鹿洞书院早期的开发和利用,史籍上的记载十分简略,王贞白所作的《白鹿洞》诗当是目前所知唐代第二首描述白鹿洞的诗,为历代院志所失载,其史料价值自不待言。诗的第一句"读书不觉春已深",是写在白鹿洞读书确有一种学而不厌、忘情物外的感受,这里是个读书做学问的好地方。第二句"一寸光阴一寸金",以寸金来比喻时间的宝贵,必须十分珍惜,独有创见,为后世引为格言和成语。第三、四句"不是道人来引笑,周情孔思正追寻"。这说明此时的白鹿洞已经成为文人学子聚会的场所,是学习孔孟之道的地方。诗中提到的追寻"周情孔思"是推崇周公及孔子的学说思想,赞赏此处是道学即后来成为理学的圣域与贤关。全诗环环相扣,句句平易,不遣夺兀之笔,却有惊人之句,于朴实无华的言语中洋溢着欣喜、赞美、向上的心态和情感,有积极进取的教育意义。尤其是"一寸光阴一寸金",寓意深刻,发人深省。

题弟侄书堂

晚唐·杜荀鹤

何事居穷道不穷,乱时还与静时同。
家山虽在干戈地,弟侄常修礼乐风。
窗竹影摇书案上,野泉声入砚池中。
少年辛苦终身事,莫向光阴惰寸功。

【助读材料】

译文:虽然住的屋子简陋但知识却没有变少,尽管外面已经战乱纷纷,我还是与往常一样。故乡虽然在打仗,可是弟侄还在接受儒家思想的教化。窗外竹子的影子还在书桌上摇摆,砚台中的墨水好像发出了野外泉水的叮咚声。年轻时候的努力是有益终身的大事,对着匆匆逝去的光阴,不要丝毫放松自己的努力。

赏析:该诗是作者告诫弟侄,少年时期辛苦学习,将为一生的事业扎下根基,切莫有丝毫懒惰,不要浪费了大好光阴。诗句是对后人的劝勉,情味恳直,旨意深切。

6.

今 日 歌

明·文嘉

今日复今日,今日何其少!
今日又不为,此事何时了?
人生百年几今日,今日不为真可惜!
若言姑待明朝至,明朝又有明朝事。
为君聊赋今日诗,努力请从今日始。

【助读材料】

赏析:这首诗歌可以和《明日歌》遥相呼应。这首诗歌就是激励世人今日事今日毕。今天可以做完的事情推到第二日时,往往发现最后变成了百事缠身,万头千绪,一件事都不能妥善完成。所以人一定要有个目标,也要有决心,今天该做的事情一定要做完,否则将碌碌无为,一事无成。

明　日　歌

清·钱泳

明日复明日，明日何其多。
我生待明日，万事成蹉跎。
世人若被明日累，春去秋来老将至。
朝看东流水，暮看日西坠。
百年明日能几何？请君听我明日歌。

【助读材料】

赏析：这首诗七次提到"明日"，这首诗在反复告诫人们要珍惜时间，今日的事情今日做，不要拖到明天，不要蹉跎岁月。诗歌的意思浅显，语言明白如话，说理通俗易懂，很有教育意义。

这首《明日歌》给人的启示是：世界上的许多东西都能尽力争取和失而复得，只有时间难以挽留。人的生命只有一次，时间永不回头。

劝 学 诗
宋·朱熹

少年易老学难成,一寸光阴不可轻。
未觉池塘春草梦,阶前梧叶已秋声。

【助读材料】

作者简介:朱熹(1130—1200),字元晦,后改字仲晦,别号紫阳,又号晦庵。祖籍徽州婺源(今属江西)。是南宋时期著名的思想家、教育家,宋代集理学之大成者,也是宋以后一位重要的哲学家、影响深远的教育思想家。

注释:池塘春草梦:这是一个典故,源于《南史·谢方明传》。谢方明之子惠连,年10岁能属文,族兄谢灵运嘉赏之,云:"每有篇章,对惠连辄得佳话。"尝于永嘉西堂作诗,竟日不就,忽梦见惠连,即得"池塘生春草",大以为工。常云:"此语神功,非吾语也。""池塘生春草,园柳变鸣禽"是谢灵运《登池上楼》中的诗句,后被赞誉为写春意的千古名句,此处活用其典,意谓美好的青春年华将很快消逝,如同一场春梦。

秋声:秋时西风作,草木凋零,多肃杀之声。

赏析:该诗其主旨是劝青年人珍视光阴,努力向学,用以劝人,亦用于自警。该诗语言明白易懂,形象鲜明生动,把光阴似箭、岁月易逝的程度,用池塘春草梦未觉、阶前梧桐忽秋声来比喻,十分贴切,倍增劝勉的力量。

二、名人故事

苏步青巧用"零头布"
——学习要善于充分利用"点滴"时间

我国著名数学家、原复旦大学名誉校长、原北师大名誉教授苏步青先生在20世纪80年代已年过八旬,他虽身兼数职,但仍抽出时间搞科研与著书立说。他是如何做的呢?

苏老常在"零头布"上动脑筋。他称道"零头布":"别看它零零碎碎的,积沙成塔,时间也可以积少成多嘛!""四人帮"横行时,苏老受到政治迫害,但他并没有丢弃事业。当时,外国同行寄来国外新出版的《微分几何》新书,他爱不释手,反复诵读,吸取有益的养料,写下了读书笔记。粉碎"四人帮"后,他利用点滴时间,在过去研究成果的基础上,又吸收国外的新成果,编写出讲稿。1978年夏天,苏老冒着41℃高温,到杭州讲学七天,用的就是这个讲稿。回校后,他一边继续整理,一边给研究生上课。《微分几何五讲》就是这样,一章一章地写成并且定稿的。这样,"零头布"在苏教授的手中就变为"整匹布"了。

苏老担任复旦大学校长期间,出差、开会占去了他很多时间。苏老觉得这当中还是有"零头布"可以挖掘和利用:如果到外地开会,他每天早晚可以挤出三个钟头的"零头布",用来搞重点项目;在家期间,星期天被作为"星期七",找他的人络绎不绝,一天加起来,能有两个钟头的"零头布"他就感到心满意足了。如果是在市里开会,他也总是尽量捕捉时间。有一次,苏老到市里开会,上午10时休会,下午3时再换地方开会。他屈指一算:

"这当中有五个钟头,坐等吃饭、休息太可惜了。"饭票已买好,苏老还是决定不在外吃饭,回家去干两个钟头。他的《仿射微分几何》有20万字,大部分篇幅就是利用"零头布"时间做成的。在该书自译成英文稿的过程中,苏老更是争分夺秒。他运用数学方法,计算出完稿前的一段时间,每天必须完成几页的译稿任务,然后就坚持不懈地如数去完成。要是今天被会议冲掉,明天一定想办法补上去。以至于每个阶段都超额完成任务,使该书的翻译任务,比原规定的时间提前了20多天。

巧用"零头布"就得把零碎时间抢来用。怎么用法呢?苏老说:"如果你到我办公室来,你就会看到我的办公桌上,右边放着公文,左边放着书籍杂志。我批阅完了右边的公文后,就拿起左边的科学书籍看起来。尽管室中的电话声、谈话声很嘈杂,我却不在乎,好像没听见似的。"

苏老善于巧用时间,更善于提高时间的利用率。每天清晨,他起床后做健身操,阅读古诗词,然后收听中央人民广播电台的新闻联播节目。如果上午开会,早饭后的时间就用来阅读文件。晚上睡觉前,他还要记上几笔日记。散步、聊天的时间,有时用来构思诗作。在每周日程排满之后,苏老还能见缝插针,接待记者、朋友。在他那里,时间已经得到了最充分利用了。

苏步青教授惜时如金、严谨治学,对我们要立志成才的大学生来说,是有益的启迪。

常林带经耕锄

汉末常林,"性好学,带经耕锄。其妻常自馈饷之,林虽在田野,其相敬如宾"。

李密牛角挂书

隋朝李密,少年时候被派在隋炀帝的宫廷里当侍卫。他生性灵活,在值班的时候，左顾右盼，被隋炀帝发现了，隋炀帝认为这孩子不大老实，就免了他的差使。李密并不懊丧，回家以后，发奋读书，决定做个有学问的人。有一回，李密骑了一头牛，出门看朋友。在路上，他把《汉书》挂在牛角上，抓紧时间读书。此事被传为佳话。

董仲舒三年不窥园

董仲舒专心攻读，孜孜不倦。他的书房后虽然有一个花园，但他专心致志读书学习，三年时间没有进园观赏一眼。董仲舒专心致志地钻研学问，以后终于成为西汉著名的思想家。

司马光警枕励志

司马光小时候是个贪玩贪睡的孩子，为此他没少受先生的责罚和同伴的嘲笑。在先生的谆谆教诲下，他决心改掉贪睡的坏毛病，为了早早起床，他睡觉前喝了满满一肚子水，结果早上没有被憋醒，却尿了床。于是聪明的司马光用圆木头做了一个警枕，早上一翻身，枕头滑落在床板上，自然惊醒，从此他天天早早地起床读书，坚持不懈，终于成了一个学识渊博的人，写出了《资治通鉴》这一恢宏著作。

第六章 方法篇

一、古　诗

1.

读　书

宋·陆九渊

读书切戒在慌忙，涵泳工夫兴味长。
未晓不妨权放过，切身须要急思量。

【助读材料】

译文：读书要注意不能慌忙，慢慢地用功去读，才会觉得意味深长。有不明白的地方不妨暂且放过去，结合自己切身相关的需要认真思考。

2.

怜 思 诗
明·宋应星

一个浑身有几何,学书不就学兵戈。
南思北想无安着,明镜催人白发多。

【助读材料】

作者简介:宋应星(1587—约1666),中国明末科学家,字长庚,汉族,奉新(今属江西)人。万历四十三年(1615年)举于乡。崇祯七年(1643年)任江西分宜教谕,十一年为福建汀州推官,十四年为安徽亳州知州。明亡后弃官归里,终老于乡。在当时商品经济高度发展、生产技术达到新水平的条件下,他在江西分宜教谕任内著成《天工开物》一书。宋应星的著作还有《野议》《论气》《谈天》《画音归正》《卮言十种》等。

赏析:这首诗告诉人们,人生苦短,时光有限,如果目标不专一,忽而想学这,忽而想学那,就会分散精力,徒耗宝贵年华。因此,有志者应选一门,专心致志,深钻细研,必将有成。

读 书

清·法式善

读书如树木,不可求骤长。
植诸空山中,日来而月往。
露叶既畅茂,烟打渐苍莽。

【助读材料】

作者简介:法式善(1753—1822),姓伍尧氏,原名运昌,字开文,号时帆,一号梧门,蒙古正红旗人。乾隆四十五年(1780年)进士,官祭酒。

赏析:本诗告诉人们读书如种树,不能拔苗助长希望一日长成参天大树。读书要持之以恒,循序渐进,别指望一口吃成一个胖子。

二、名人故事

富兰克林的成才之路
——学习应坚定毅力和信心

富兰克林出生于一个手工业者的家庭,父亲做肥皂和蜡烛,母亲生了17个子女,他是最小的一个。由于家庭人口众多,经济负担沉重,富兰克林上到小学三年级就被父亲拖回来做工了,剪灯芯,做蜡烛,干着苦活。后来,父亲看到他喜爱看书,就把他送到富兰克林的哥哥办的一家印刷厂当了一名印刷工。在这样的情况下,他并没有屈服,而是"在不利与艰难的遭遇里百折不挠"(贝多芬语)。例如,他为了有书看,他和离印刷所不远的一个小书店的伙计交上了朋友,同他商妥,在书店关门前把书悄悄借走,第二天开门前把书还来,为的是不让老板知道。就这样,富兰克林白天上工,每天夜晚读书到深夜。后来,富兰克林进行了多项关于电的实验,并且发明了避雷针,最早提出了电荷守恒定律,还发明双焦点眼镜等,成为杰出的发明家。

富兰克林的成才经过告诉我们:生活中给我们的启示是很多的,其中最重要的一点是:"请记住,环境愈艰难困苦,就愈需要坚定毅力和信心,而且懈怠的害处也就愈大。"(托尔斯泰语)

无须慨叹,更不应颓唐,而应像遭受种种打击的贝多芬那样:"我要扼住命运的咽喉,用积极的精神向前奋斗。"

2.

列宁的照片
——学习应专心致志

有一次,一位摄影师走进列宁的办公室,列宁正在聚精会神地看报纸。这位摄影师不慌不忙地安装好很笨重的摄影机,又咔嚓咔嚓拍了好几张照片,然后拆掉机器出门,列宁却一点也不知道。后来报纸上登了照片,列宁才惊奇地说:"他们是从哪儿弄来的照片?"

列宁是日理万机的伟大的无产阶级革命家,他善于摒弃一切来自外界或内心的干扰,从而可以专心致志地学习与工作。

专心致志,学有所成。成功者的奥秘正在于对学习的痴迷和专心致志。专心致志,是收到良好学习效果的最重要的内在因素。古人云:"读书有三到:心到、眼到、口到。"大学生必须培养起抗衡干扰、专心读书的本领。

怎样具备这种本领呢?关键是要用高度的责任心来约束注意力。一个人对学习的意义越清楚,求知的愿望越强烈,意志越坚定,他的注意力就越集中和稳定。

孔子学弹琴
——学习一定要精益求精

一次,孔子向师襄子学弹琴。

师襄子教了一首乐曲,孔子便认真练习。10天过去,师襄子说:"你学得差不多了,另学一曲吧!"孔子说:"我只学会了乐曲,但弹奏的技巧还没有掌握。"

过了一段时间,师襄子说:"你已经掌握弹奏技巧啦,可以另学乐曲了。"孔子却说:"这首乐曲所表现的思想感情还没有体会出来。"

又过了些时候，师襄子说："这首乐曲所表现的思想感情你已经弹奏出来了，该学新的乐曲了。"孔子又说："我还没有弄清这首乐曲表现的是怎样一个人呢！"

师襄子在孔子旁边坐下，仔细地听了一会，高兴地说："我从你弹奏的琴声中，仿佛看见一个人在严肃地思考，他胸怀宽大，安然地遥望着北方。"孔子兴奋地说："我想除了文王，别无他人。"师襄子惊喜道："我的老师讲过，这首乐曲叫作《文王操》。"

这则故事生动地表现了孔子勤于思考、肯于动脑的学习态度和严谨求精的治学精神。文中一问一答，层层递进，深入浅出，言简意赅。我们不得不感叹：孔子真不愧为一代圣人呀！现今大力推行的素质教育，正是从"开发潜能"切入，以全面提高学生的素质。孔子学琴的故事为我们提供了一个生动典型的正面素材。

李政道的从画地图说起

著名美籍中国物理学家李政道教授曾于1984年5月2日访问了中国科技大学，在其与少年班的同学座谈时说过："考试，只是考一个人的记忆力，考的是运算技巧。这不是学习的重点，学习的重点是培养能力。"

当时李教授问："你们谁是上海来的学生？"

"我是。"一个少年大学生答。

"你对上海的马路熟悉吗？"

"差不多都熟悉。"

"那好。我再找一个从来没去过上海的同学。"李教授一边说，一边指着另外一个少年大学生："好，比如你，没去过上海。现在我给你一张上海地图，告诉你，明天考试的内容是画上海地图，要求标出全部主要街道的名称。"第二天，两位同学来画地图。李教授大家说："他们俩哪一个地图画得好一些？"

同学们不约而同地指着那位没去过上海的同学，齐声说："当然是他画得好一些。"

"大家说得对！"李教授很兴奋，接着说："他虽然没去过上海，但是他可以连街道名称都标得准确无误。不过，再过一天，如果把他们俩都带到上海市中心，并且假定上海市所有的路牌都拿掉了。你们说，他们俩哪一个能从上海市走出来？"

同学们都笑了，答案是明显的。

李教授说："我们搞科学研究，就是在没有路牌的地方走路。只有多走，才能熟悉。你地图虽然画得好，考试可得100分。但是你走不出去啊！所以，真正的学习是培养自己在没有'路牌'的地方也可以走路的能力，最后能走出来。这才是学习最本质的东西。"

真正的学习是培养自己在没有路牌的地方也能走路的能力。

李政道是一位著名的物理学家，获得过诺贝尔物理学奖。他的话告诉我们，考试成绩并不是衡量学习好坏的标志，而学习好坏的根本区别在于有没有能力。因此，我们应把学习的重点放到培养学习的各种能力上来，以适应"知识经济、信息时代"对创新能力型人才的需求。

爱因斯坦的"独立思考"

——学习应把培养"独立思考"能力放在首位

著名的物理学家爱因斯坦对物理学的研究有重大贡献，其中最重要的是建立了相对论学说，揭示了空间、时间的辩证关系，加深了人们对物质和运动的认识。无论在科学上，还是在哲学上，相对论都具有重要的历史意义。

这位被人们称为有"超级"智慧的科学家，是如何思考问题的呢？

1922年，爱因斯坦到美国时，有许多好奇的美国人，向他提出了许多问题：

"你可记得声音的速度是多少？"

"你如何记才能记下许多东西？"

"你把所有的东西都记在笔记本上,并且把它随身携带吗?"

爱因斯坦回答说:"我从来不带笔记本,我常常使自己的头脑轻松,把全部精力集中到我所要研究的问题上。至于你们问我,声音的速度是多少?现在我很难确切地回答你们,必须查一下辞典才能回答。因为我从来不记在辞典上已经印有的东西,我的记忆力是用来记忆书本上还没有的东西。"

爱因斯坦的回答,使那些美国人感到很惊奇。爱因斯坦成功的一个重要原因,就是他不但有非凡的独立思考能力,并且非常重视这种能力的培养。他在《论教育》一文中写道:"学校的教育目标应当是培养独立行动和独立思考的人。""培养独立思考和独立判断的一般能力,应当始终放在首位。"

当代大学生的学习,应侧重培养独立思考的能力。独立思考也应是大学生学习的重要方法。大学生要养成思考的习惯,要探索"书本上还没有的东西",当然不是要我们丢开书本知识不学,相反,只有首先掌握书本上已有的东西,才有思考和探索的基础,才能在前人的基础上有所发现、有所前进。

培养独立思考能力,需要我们经常自觉地进行锻炼。碰到问题要想一想,当时可能没有什么大用,但有助于我们养成思考问题的良好习惯。科学上的发现,都是日积月累的结果。对一个平常注意思考问题的人来说,由于有些问题早已想过,这样,他学习起来,搞起研究来,就可以比别人少用时间,而且也有可能比别人看得更远、想得更深、更透,更容易出成果。

伽利略和吊灯

——学习应善于"思考"与"探究"

古人云:"不深思则不能造(成就)其学。"爱因斯坦也说过:"学习知识要善于思考,思考,再思考。我就是靠这个学习方法成为科学家的。"在学习过程中,在教材、参考书里,常有许许多多东西值得我们去思考、去探究、去发现,这不仅可以提高我们分析与解决问题的能力,而且也会给自己的学习、生活带来无穷的乐趣。伟大的科学家伽利略发现灯摆动的等时性原理就是一例。

有一天，伽利略去比萨教堂做礼拜。在教堂祈祷时，伽利略却被教堂顶部垂吊的油灯深深地吸引住了。原来，吊灯可能由于有风而在来回不停地摆动。他注视良久，发现灯的摆动很有节奏，尽管摆动的幅度不同，可往返的时间却大致一样。这个现象激发了他的思考，从而探究下去。

如何证明他的观察是正确的呢？他想到人的脉搏跳动是均匀的，于是他一面摸脉，一面注视灯的摆动，果然他测试到吊灯的每次摆动的时间完全相同。回到家里。他又继续做实验。

他找来两根一样长的绳子，各坠上一块同样重的铅块，并请来教父帮助做实验。测试结果，虽然两条绳子摆动的起点不同，但每次摆动的时间却完全一样，并在同一时间内各自回到垂直线上。就这样，伽利略从一个偶然的生活现象中，经过思考与探索，揭示了自然界的节奏规律。

这则故事告诉我们，在自然界和社会生活中，有很多现象是值得我们去探索其奥秘。如果我们缺少对周围事物的好奇，如果我们对所观察到的周围事物现象不去深入思考和探究，就像我们也看过类似吊灯摆动的现象而无动于衷，那么创造成功的幸福也许就会从我们身边一次又一次地悄悄溜走。

爱因斯坦"补课"和华罗庚的"夹生饭"
——学习一定要"循序渐进"

学习，一定要循序渐进。爱因斯坦"补课"和华罗庚的"夹生饭"就是两个典型的例子。

爱因斯坦在研究广义相对论时，连续搞了几年却进展不大，成果甚微。仔细查找原因，他才发现自己在大学读书时，忽视了对数学的学习和钻研，因此这门课基础知识的底子较差。为了研究成功广义相对论，他只得搁置起眼下的研究工作，重返学校再次补习了三年的数学课程。

我国著名的数学家华罗庚也有类似的教训。他在自学高中课程时，时常犯急躁病，一个劲地加速，结果所学的知识成了"夹生饭"。这个教训使他领悟到：片面求快不符合读书的辩证法，必须循序渐进。后来，他就宁肯比在学校里学得慢些，练习做得多些，用五六年时间才学完了高中课程。看起来高中课程学得慢了一些，但因为学得扎实，所以给后来学习大学课程带来了方便。到清华大学没多久，他就听起了研究生的课。

古人云："学者观书，病在只要向前，不肯退步看，愈向前，愈看得不分晓，不若退步，却看得审。"这是很有道理的，就是说，学习、读书要扎扎实实，由浅入深，循序渐进，有时还要频频回顾，以暂时的退步求得扎实的学问。学习正如上台阶和吃饭一样，一步跨10个台阶和一口吃成胖子都是做不到的。我们只有根据知识的内在逻辑程序，由浅入深、循序渐进地学习，才能真正学到知识。

8.

鲁迅的"随便翻翻"
——学习要"博览群书"

鲁迅先生是非常强调博览群书的。鲁迅在读书时有一个习惯，叫作"随便翻翻"，也就是轻松地浏览一般的书报杂志，有时从一本书里选一篇或几篇文章读读，有时甚至只看看目录。书海漫漫，如果每一本书都一丝不苟地读一遍，一则时间不允许，二则有些书报也无认真研究的必要。所以，对一般性的参考书籍、资料性书籍和消遣性书报，只需要随便翻翻即可，这样省时间、效率高。例如，鲁迅运用此法，仅在1912到1913年两年时间，就翻阅了诗话、杂著、画谱、杂记、丛书、尺牍、史书、墓志、碑帖等各种书籍杂志。以后几年间，还翻阅了诗稿、作家文集、小说、佛书、拓本、金石文字、瓦当文、壁画、造像、画集等书籍和作品，以及世界名人法布尔、托尔斯泰、陀思妥耶夫斯基等的作品。1925年以后，他读的书就更多了。如果鲁迅先生每本书都精读一遍，能读得了那么多书吗？

随便翻翻的学习方法，给人以最大的益处是满足学习的猎奇心理，对学习始终有一种兴趣，恰如游公园，随随便便地漫游。因为随随便便，所以不觉得吃力，因为不觉得吃力，所以会觉得有趣。随随便便的学习还可以开阔眼界，视野开阔，才能好中选优，从而调整学习的方向。

俗话说得好：一块石头砌不成金字塔，一根木头造不了洛阳桥。时值科学飞速发展的今天，那种"两耳不闻窗外事，一心只读专业书"的学习方法，已不适应于现代人才培养了。博览群书不仅是大学生有效的学习方法，而且也是知识经济、创新技术革命挑战的客观要求。

华罗庚的"设想阅读"学习法
——学习过程的"由薄到厚"与"由厚到薄"

我国著名数学家华罗庚的学习经验之一，就是"设想阅读"学习法。他勉励青年们在寻求真理的长征中，要不断地学习，勤奋地学习，创造性地学习。

华罗庚是从自学开始而后才走上成才之路的。他说，应当怎样学会学习呢？在学习书本上的每一个问题、每一章节的时候，首先应该不只看到书面上的东西，而且应当看到书背后的东西。究竟要看到背后的什么呢？华罗庚进一步做了解释："对书本的某些原理、定律、公式，我们在学习的时候，不仅应记住它的结论，懂得它的原理，而且还应该设想一下人家是怎样想出来的，经过了多少曲折，攻破了多少难关，才得出这个结论的。同时还不妨进一步设想一下，如果书本上没有做出结论，我自己设身处地，应该怎样去得出这个结论。这就是说，读书不仅要知其然，而且还要知其所以然；不仅要懂得结论，而且还要了解结论是怎样得出来的。一般人学习容易犯急躁的毛病，拿起一本书，几下子就看完了，实际上并没有读懂，应用的时候才发现吃了夹生饭，不能运用自如。"学习应该像华罗庚所说的那样，多做几个设想，深追穷搜，找出书"背后"的东西。这样学习虽然慢些，但却能收到良好的效果。

华罗庚还提倡学习要有两个过程：一个是"由薄到厚"的过程，另一个就是"由厚到薄"的过程。前者指的是学习要积少成多，循序渐进，这仅仅是学习过程的第一步，如果仅停留在这个阶段，学习就不会有大的进步。重要的是第二步，即在"由薄到厚"的基础上，必须再反过来，"由厚到薄"。

那么，如何将"厚"书读"薄"呢？华罗庚的体会是："在对书中每一个问题都经过细嚼慢咽、真正懂得之后，就需要进一步把全书各部分内容连串起来理解，加以融会贯通，从而弄清楚什么是书中的主要问题以及各个问题之间的关系。这样，我们就能抓住统率全书的基本线索，贯穿全书的精神实质。"这就是说，必须站得高一点，对所读的书的内容进行分析、比较、归纳、综合，把原来很厚的一本书提炼成几组公式、几个原则、几种方法等。这样一来，既高度概括总结了全书的经典内容，又便于识记本书的重点。只有这样，才能对学问有比较透彻的了解。

杨振宁、钱伟长教授谈学习

杨振宁教授谈创新式学习

第一，读书是手段。

杨振宁教授说，中国的小学、中学、大学和研究生院的教育一直都在把学生变成念死书的人，"以分数论学生"，对特殊天才的压抑就更可怕。像爱因斯坦、爱迪生这些伟人，如果在中国，他们根本就不可能通过中学一级的考试。如果在中国，这样的学生就不能被当作优秀生送去接受高等教育。因此，这种体制就失去了我们的爱因斯坦、爱迪生等。

第二，辩论中求真知。

美国的教育鼓励学生提问，鼓励学生向最了不起的权威提出质疑。美国的学生在学习中热衷于吸收各学科的成就，热衷于辩论，从而获得迅速进步。而中国的学生在学习中往往是全盘接受，他们的老师就不喜欢学生的想法与自己有稍稍相悖之处，学生们习惯于接受而不习惯于怀疑和考证，他们以拥有丰富的知识而自豪。

因此，杨振宁教授主张，美国的学生应该学一点中国的传统，中国的学生应该学习美国学生那种敢于怀疑、敢于创新，以兼收并蓄为主的学习方式，应该勤于辩论，把辩论放在与学习同等地位上去。

钱伟长教授的学习原则

人的一生需要学习的东西很多，如何利用最少的学习时间把新知识学到手呢?

我国著名的学者钱伟长教授谈了他长期坚持的两条学习原则。

第一,对所有知识不要死记硬背,除了学习外语之外,什么也不要背。下课后只想一想今天讲了什么题目,一个题目分哪几个内容,每个问题的中心思想是什么,它的结论又是什么。考试前从头到尾回想一下,把次要的东西删掉,留下你认为主要的东西。

第二,在学习中学会抓全局、抓重点。学习中要懂得跨越困难,大踏步地前进,局部的困难是很容易解决的。

钱伟长教授说,他一辈子采用的就是这样的方法,坚持下来,收到了满意的效果。

毛泽东与学习

只要提到毛泽东,不论大家的政治观点有何差异,世界各国的人们都承认他是一个改变了中国、改变了世界的巨人,都谈论着他的举手投足、音容笑貌。然而,最令人感慨的却是毛泽东对学习的专注,毛泽东一生把工作以外的时间,也就是休息时间大都付与了读书学习。

毛泽东喜欢读书,古今中外无不涉猎。毛泽东十分喜欢读《二十四史》,并且给《二十四史》做了大量的批注,因此说他是历史学家一点也不过分。晚年毛泽东眼睛不好,但是坚持用放大镜看书。毛泽东从来不去为了什么硕士、博士的文凭去读书。毛泽东在读书学习这个问题上是实事求是的楷模。正因为毛泽东认真学习,具有真才实学,所以诗歌、书法、理论、哲学、历史、军事样样精通,才能成就为一代伟人。

就拿学习英语来说吧,当毛泽东1954年下决心开始学英语的时候,面临着三大困难:年纪大(他当时已经61岁了),基础差,工作忙。但经过长期不懈的积累,他的英语水平达到了可以借助字典阅读一般文章的程度。这固然与毛泽东过人的学习劲头和超群的记忆力有关,但他的时间从何而来呢?

据毛泽东的国际问题秘书、长期帮助他学英语的林克回忆，毛泽东学英语的时间经常是在刚起床后、入睡之前，饭前饭后，爬山、散步中间休息时，以及游泳之后晒太阳时。在20世纪50年代和60年代，他无论在火车上、轮船上、飞机上，随时随处都在学；工作再紧张，旅途再辛苦，他学起英语来却依然兴致勃勃。1957年11月，毛泽东到苏联参加莫斯科会议期间，有时早上天色未明，就让林克同他一起学英语。

人们可能会问：毛泽东难道不需要休息吗？还拿学英语来说，毛泽东学英语恰恰另有一个目的，就是休息。1959年1月，他在接见巴西外宾的时候说："学外文好，当作一种消遣，换换脑筋。"在长时间的开会、工作或会见外宾之后，他常常把学英语作为一种调剂。林克回忆说："毛泽东有时看书、看文件看累了，会议开累了，接见外宾累了，就让我和他读英文。他一读英文，脑子就钻到单词、句子里去了，其他的不想了，也就得到了休息。有时他睡不着觉，也把我找来陪他读一会儿。这是一种特殊的休息，也可说是毛泽东式的休息。"看来，说毛泽东把休息时间给了读书学习还不那么准确，他有时是把学习本身当作休息的。

总之，终其一生，为了读书，毛泽东利用了一切可以利用的时间：吃饭前后，游泳下水之前活动身体的几分钟和上岸后的几分钟，会议的间隙，接见外宾的休息时间，乘车乘机途中，生病卧床期间，上厕所的时间，所有人们能够想象和想象不到的时间，他都利用了起来。即使在即将走到生命的终点、医生抢救的情况下，他还在索要书看。当年在延安时他就说过："年老的也要学习，我如果再过10年死了，那么就要学九年零三百六十五天。"他还提出："让读书学习占领工作以外的时间。"他确实做到了这一点。

毛泽东也是唯物辩证法大师。他认为，一切事物在一定的条件下都可以向对立面转化。比如劳与逸、生与死、和平与战争等。休息就是学习，学习就是休息，也是毛泽东把这一辩证法思想运用在读书学习上的生动体现。如果说体力的休息是物质生命的要求，那么毛泽东以读书学习为休息，则是一种精神生命的内在要求。当一个人感到读书如同休息睡眠一样是维持生命之所需的时候，其读书的动力之强大可想而知。而且，毛泽东"一生最大的爱好是读书"，他说过："饭可以一日不吃，觉可以一日不睡，书不可以一日不读。"对他来说，精神生命是高于物质生命的。

毛泽东从这种读书式的"休息"中获得了极大的乐趣。对他来说，读书既是"求知",又是"休息",还是"娱乐",这三者实在不好分辨。翻阅毛泽东的书单,可以发现他的阅读很多时候并没有明确的目的性,什么都看,关于机床、无线电等方面的专业知识书他也曾翻阅过。再如他学英语,从实用上说,他本人可以不必直接阅读英文文件或用英文对话,但他学了,而且从中领略到外语学习的乐趣。他还说过要学日语,终因实在太忙,这个愿望没有实现。学习的过程使他既放松了身心,又充实了头脑,获得了精神愉悦。这就是他这种读书学习的"积极休息"法的神奇功效。毛泽东曾多次倡导读书,发起读书活动,读到会心处也喜欢向别人推荐。比如,当年毛泽东不仅自己认真学英语,还提倡领导干部学外语,曾经把这一条写进《工作方法六十条》草案。不过,他享受到的那种深刻而持久的读书之乐,人们却常常难以体会。不少人觉得,读书不是什么积极的休息,不是"甘之如饴"的享受,并无乐趣可言。学外语有好处,道理人人明白,愿望人人都有,但能像毛泽东那样坚持的却不多,这恐怕与还没有到达真正体会到读书之乐的境地有关。

虽然毛泽东读书学习用的大多是"挤"出来的零碎时间,但哪怕每次只有半小时,甚至10分钟,只要长期积累,效果就会十分惊人。很多人往往不在意那些点滴时间,总想"等到有整块时间的时候再读吧",须知在日常生活中,整块的时间就像品相完美的瓷器那样难找,片刻工夫却像碎瓷片一样随处可见,而积攒得多了照样可以拼组成一个丰富而美丽的世界。据说一部厚厚的重刻宋代淳熙本《昭明文选》,毛泽东居然是利用上厕所的时间断断续续看完的。所以,要想做到像毛泽东那样"让学习占领工作以外的时间",就要像他那样,珍惜时间的片刻须臾、点点滴滴,在这些稍纵即逝的分分秒秒里找到读书的乐趣。

恩格斯的读书法

恩格斯的读书方法之一是重视读原著,他一般不轻易使用第二手、第三手材料。1884年8月6日,德国社会民主党人格奥尔格·亨利希·福尔马尔给恩格斯写了一封信,说有一位女士对社会主义感兴趣并打算研究社会科学,但不知进哪一所高等学校才好。恩格斯复信道：这个问题很难回答，因为大学里每一门科学尤其是经济学被糟蹋得很厉害，关键是要自学，并掌握有效的自学方法。

恩格斯在信中说："从真正古典的书籍学起，而不是从那些最要不得的德国经济学简述读物或这些读物的作者的讲稿学起。""最主要的是，认真学习从重农学派到斯密和李嘉图及其他学派的古典经济学，还有空想社会主义圣西门、傅立叶和欧文的著作，以及马克思的著作，同时要不断地努力得出自己的见解。"也就是说，要系统地读原著，因为"研究原著本身，不会让一些简述读物和别的第二手资料引入迷途"。

从恩格斯阅读过的书目来看，他虽然也读过大量的通俗小册子、报刊等，但花工夫最大，读得最多的还是那些经典原著。他认为，系统读原著是从事研究的一种正确的读书方法。这样，可以了解一个理论的产生、发展和完善的过程，不仅可以全面系统地掌握基本原理，而且可以掌握其发展过程，了解这一理论的全貌。

13.

杰克·伦敦的"饿狼式"读书法

美国作家杰克·伦敦十分珍视读书机会。他遇到一本书时，不是"用小巧的橇子偷偷撬开它的锁"，然后"盗取点滴内容"，而是像一头饿狼，把牙齿没进"书的咽喉"，凶暴地吮尽"它的血"，吞掉"它的肉"，咬碎"它的骨头"，直到那本书的所有"纤维和筋肉"成为他的一部分。

14.

爱因斯坦的"总、分、总"三步读书法

所谓"总"，就是先对全书形成总体印象。在浏览前言、后记、编后等总述性东西的基础上，认真地阅读目录，概括了解全书的结构、体系、线索内

容和要点等。

所谓"分",就是在总体了解基础上,逐页却不是逐字地阅读全文。在阅读中,要特别注意书中的重点、要点以及与自己需要密切相关的内容。

所谓"总",就是在阅读完书后,把已经获得的印象条理化、系统化,使观点与材料有机结合;经过认真思考、综合,弄清全书的内在联系,以达到总结、深化、提高的目的。

余秋雨的"畏友"读书法

散文家余秋雨提出:"应该着力寻找高于自己的'畏友',使阅读成为一种既亲切又需花费不少脑力的进取性活动。尽量减少与自己已有水平基本相同的阅读层面,乐于接受好书对自己的塑造。我们的书架里可能有各种不同等级的书,适于选作精读对象的,不应是我们可以俯视、平视的书,而应该是我们需要仰视的书。"

秦牧主张"牛嚼"和"鲸吞"

当代著名作家秦牧,每天都要阅读大量的书报杂志,广博地积累知识。结果,他写出的作品宛如由知识的珠宝串成,闪耀着独特的光彩。秦牧在谈到读书时,主张采取牛和鲸的吃法,即"牛嚼"与"鲸吞"。

什么叫"牛嚼"呢?他说:"老牛白日吃草之后,到深夜十一二点,还动着嘴巴,把白天吞咽下去的东西再次'反刍',嚼烂嚼细。我们对需要精读的东西,也应该这样反复多次,嚼得极细再吞下。有的书,刚开始先大体吞下去,然后分段细细研读体味。这样,再难消化的东西也容易消化了。"这就是"牛嚼"式的精读。

什么叫"鲸吞"呢?他说,鲸类中的庞然大物——须鲸,游动时俨然如一座漂浮的小岛。但它却是以海里的小鱼小虾为主食的。这些小玩艺儿怎么填满它的巨胃呢？原来，须鲸游起来一直张着大口，小鱼小虾随着海水流入它的口中，它把嘴巴一合，海水就从齿缝中哗哗漏掉，而大量的小鱼小虾被筛留下来。如此一大口一大口地吃，整吨整吨的小鱼小虾就进入鲸的胃袋了。人们泛读也应该学习鲸的吃法。一个想要学点知识的人，如果只有精读，没有泛读，如果每天不能"吞食"它几万字的话，知识是很难丰富起来的。

"牛嚼"与"鲸吞"，二者不可偏废。既要"鲸吞"，要大量地广泛地阅读各种书籍，又要对其中少量经典著作反复钻研，细细品味。如此这般，精读和泛读就能有机地结合起来了。

17.

李白读书

李白是我国唐代著名的诗人。研究一下他的读书法，对我们不无启发。李白家庭条件较好，藏书颇丰。其自云："五岁诵六甲，十岁观百家。"他在自己的诗文中，非常熟练地引用古人古事，可见他扎下了何等深厚的根基。

读书的方法很重要，必须讲究，但这点因人而异，又不拘于一途。"孔明披书，每观于大意。"《(送孟赞府兄还都序)》这是李白对诸葛氏的赞语。"观其大意"，并非草草，而是分清轻重、主次，求其精义，得其神韵，不在细枝末节上纠缠，然后融会贯通，结合实情，再加创造。李白说自己"尝览千载百家之书"，想亦是效仿诸葛氏之法。

提起李白，人们便想到天才。诚然，李白生性聪敏，异于常人。但"天才"是不可以模仿的，而他的勤奋刻苦，讲究方法，讲究实效的学习精神，则是可以学习的。

第七章 体会篇

一、古　诗

观书有感

宋·朱熹

其　一

半亩方塘一鉴开，天光月影共徘徊。
问渠哪得清如许，为有源头活水来。

其　二

昨夜江边春水生，艨艟巨舰一毛轻。
向来枉费推移力，此日中流自在行。

【助读材料】

作者简介：朱熹（1130—1200）字元晦，一字仲晦，号晦庵、晦翁、考亭先生、云谷老人、沧洲病叟、逆翁。汉族，南宋江南东路徽州府婺源县（今江西省婺源）人。19岁进士及第，曾任荆湖南路安抚使，仕至宝文阁待制。为政期间，申饬令，惩奸吏，治绩显赫。南宋著名的理学家、思想家、哲学家、教育家、诗人、闽学派的代表人物，世称朱子，是孔子、孟子以来最杰出的弘扬儒学的大师。

赏析：前一首以池塘要不断地有活水注入才能清澈，比喻思想要不断地有所发展提高才能活跃，免得停滞和僵化。后一首写人的修养往往有一个由量变至质变的过程，一旦水到渠成，自然表里澄澈，无拘无束，自由自在。这两首诗以鲜明的形象表达自己在学习中悟出的道理，即具有启发性又富有诗性。

2.

劝 学

唐·孟郊

击石乃有火,不击元无烟。
人学始知道,不学非自然。
万事须己运,他得非我贤。
青春须早为,岂能长少年。

【助读材料】

作者简介:孟郊(751—814)唐代诗人。字东野。湖州武康(今浙江德清)人。早年贫困,曾游两湖、广西,屡试不第。46岁始中进士,50岁为溧阳尉。元和初年,任河南水陆转运从事,试协律郎,定居洛阳。元和九年,在阌乡(今河南灵宝)暴病去世。张籍私谥为贞曜先生。孟郊专写古诗,现存诗500多首,以短篇五古最多。他和贾岛齐名,皆以苦吟著称,唐人张为称他的诗"清奇僻苦主",而苏轼则称"郊寒岛瘦"。后来论者把孟、贾二人并称为苦吟诗人的代表。

译文:只有击打石头,才会有火花;如果不击打,连一点儿烟也不冒出。人也是这样,只有通过学习,才能掌握知识;如果不学习,知识不会从天上掉下来。任何事情必须自己去实践,别人得到的知识不能代替自己的才能。青春年少时期就应趁早努力,一个人难道能够永远都是"少年"吗?

3.

劝　学

宋·赵恒

富家不用买良田，书中自有千钟粟。
安居不用架高堂，书中自有黄金屋。
出门莫恨无人随，书中车马多如簇。
娶妻莫恨无良媒，书中自有颜如玉。
男儿欲遂平生志，六经勤向窗前读。

【助读材料】

赏析：这是一首很有意思的劝学诗。首先这首诗的作者赵恒很特殊，是宋朝的一位皇帝——宋真宗。另外，诗中劝学的对象，似乎是社会中下层的平民百姓的子弟，而不是皇家太子——"龙子、龙孙"，因为那些"龙子、龙孙"们是断不会为良田积粟、车马随从、娇娥美女而发愁的，即使是想获取这些东西，也无须通过苦学来实现，因此用以劝学的目标对他们是没有吸引力的。由此判断，宋真宗劝学的对象应该是社会中下层的平民百姓的子弟。

皇帝向庶民百姓的子弟苦口婆心地劝学，好像这样的诗是独此一例。另外，这首劝学诗劝学的理由和方式也很别致、有趣，十分符合人性，具有浓郁的人情味。作者没有以他皇帝的身份，居高临下，高屋建瓴，从政治的高度阐述读书学习的重要性，板着面孔，严肃地号召子民好好学习，为大宋朝廷建功立业，而是像一个捋着白胡子的慈祥的长者，向晚辈们诱导：你们要发家致富，拥有良田万顷吗？那就好好读书，书里自会有千钟白米。你们想住广屋高厦吗？那就好好读书，书里自会有美好的黄金屋。你们想要出人头地，仆从侍候，出入有车马吗？那就好好读书，书中自会有随从车马簇拥。你们要想娶一个漂亮媳妇吗？那就好好读书，书里自会有如玉美女。直到最后一句，才方显庄重：要想实现今生的远大志向的话，一定要辛勤苦读圣贤经书啊！

4.

冬夜读书示子聿
宋·陆游

古人学问无遗力,少壮工夫老始成。
纸上得来终觉浅,绝知此事要躬行。

【助读材料】

赏析:子聿:陆游之子。绝知:彻底弄清。躬行:亲身实践。这首诗的意思是说,古人做学问是不遗余力的。终身为之奋斗,往往是年轻时开始努力,到了老年才取得成功。从书本上得到的知识终归是浅薄的,未能理解知识的真谛,要真正理解书中的深刻道理,必须亲身去躬行实践。

读书有所见作

清·萧抡谓

人心如良苗，得养乃滋长；
苗以泉水灌，心以理义养。
一日不读书，胸臆无佳想；
一月不读书，耳目失清爽。

【助读材料】

赏析：这首诗举例了读书的益处与不读书的坏处，忠告人们要热爱读书，读书要持之以恒，并将其道理表达得淋漓尽致。

二、名人故事

蒲松龄的对联
——面对挫折与失败:有志者,事竟成

在失意、挫折乃至失败的面前,我们用什么态度去对待,这是能否改变现状、获取成功的关键。我们就拿《聊斋志异》的作者、清代著名的文学家蒲松龄的经历来说明吧!

蒲松龄年轻时,尽管才智聪慧,学识过人,但每次参加科场考试都名落孙山,空手而归。进仕的路途走不通了,他并未灰心,而以项羽破釜沉舟、大破秦朝和越王勾践卧薪尝胆、灭吴雪耻的历史典故激励自己。他在压纸用的铜条上,刻了一副对联:

"有志者,事竟成,破釜沉舟,百二秦关终属楚;苦心人,天不负,卧薪尝胆,三千越甲可吞吴。"

考场上的失意,激励了他在文学创作上奋斗不懈的决心。从此,他刻苦地学习,跋山涉水,广采民间传说,勤奋地写作,终于完成了《聊斋志异》一书。

"灰心生失望,失望生动摇,动摇生失败"(培根语),这正道出了我们有些学生在挫折和失败面前灰心动摇而自暴自弃的心情。我们要像蒲松龄那样发奋、坚持不懈,终究会"苦心人,天不负"而获得成功。

事实上,无数成功者都是在无数挫折和失败中锻炼了勇气和胆识,吸取了经验和教训,努力于"再坚持一下"的奋斗中才获得成功的。

2.

居里夫人的"奖章"

——面对荣誉与成绩：谦虚谨慎，永不满足

优秀学生，常有令人羡慕的成绩乃至种种荣誉。这种荣誉容易使人陶醉而自满自足起来，以致阻碍自己的进步。这是大学生应该引以警惕的。别林斯基说过："一切真正的和伟大的东西，都是纯朴而谦逊的。"贝弗里奇也说过："大多数科学家，对于最高级的形容词和手法夸张都是深恶痛绝的，伟大的人物一般都是谦虚谨慎的。"居里夫人就是这样的典范。爱因斯坦是这样评价她的："在所有著名人物中，居里夫人是唯一不为荣誉所颠倒的人。"

居里夫人一生获得17枚奖章，名誉头衔107个。对此，她并没有沉醉在这已取得的成绩之中。一天，一位女友到居里夫人家做客，她惊异地发现居里夫人的小女儿在房间里玩一枚奖章，仔细一看，竟是英国皇家学会刚刚颁发的金质奖章。她不由大吃一惊，忙问："现在能得到一枚英国皇家学会的奖章，这是极高的荣誉，你怎么能给孩子玩呢？"居里夫人笑笑说："我是让孩子们从小就知道，荣誉就像玩具，只能玩玩而已，绝不能永远守着它。否则将一事无成。"

据调查，获诺贝尔奖的科学家，在得奖后发表论文的数量，大多是明显下降的，表现出科学研究的道路走下坡路的苗头。而居里夫人则不为荣誉所惑，不因战绩而止步，不断进取，成为全世界能一生获两次诺贝尔奖的两个人中的一个。

因此，我们也应像居里夫人那样，正确地对待成绩和荣誉，谦虚谨慎，永不满足。"不满足是向上的车轮"（鲁迅语），这正是我们大学生在学习中引以为戒的。

第八章　乐趣篇

一、古　　诗

1.

四时读书乐

元·翁森

山光照槛水绕廊，舞雩归咏春风香。
好鸟枝头亦朋友，落花水面皆文章。
蹉跎莫遣韶光老，人生唯有读书好。
读书之乐乐何如，绿满窗前草不除。

新竹压檐桑四围，小斋幽敞明朱曦。
昼长吟罢蝉鸣树，夜深烬落萤入帏。
北窗高卧羲皇侣，只因素谂读书趣。
读书之乐乐无穷，瑶琴一曲来熏风。

昨夜庭前叶有声，篱豆花开蟋蟀鸣。
不觉商意满林薄，萧然万籁涵虚清。
近床赖有短檠在，及此读书功更倍。
读书之乐乐陶陶，起弄明月霜天高。

木落水尽千崖枯，迥然吾亦见真吾。
坐对韦编灯动壁，高歌夜半雪压庐。
地炉茶鼎烹活火，四壁图书中有我。

读书之乐何处寻，数点梅花天地心。

【助读材料】

译文：山景照着厅堂四周的栏杆，流水围绕着长廊。乘凉后歌唱着回家，春风也送来阵阵花香。树枝上可爱（美丽）的小鸟是伴我读书的朋友，水面上的落花都是大自然的好文章。不要虚度青春，人生只有读书最好。读书的乐趣怎么样？就像不将窗前的绿草剪除，充满生机。

初长成的竹子笼罩着屋檐，桑树围绕在房屋四周；小书房里清静敞亮，照进灿烂的阳光。在漫长的白天读完了书，可以静听树上蝉儿的鸣叫；读到深夜，可以看着那灯花一节节地掉落，观赏那萤火虫飞进帐幕来。有时在北窗闲躺着，就像羲皇时代的人那样逍遥自在，只因为平日体会了读书的乐趣。夏天读书的乐趣无穷，就像在阵阵吹来的南风之中，对着镶有美玉的琴，弹奏一曲一般地美妙。

昨晚庭院前有落叶的声音，篱笆上的紫豆开花了，蟋蟀不停地鸣叫着。不知不觉秋意已经弥漫了丛林草野间，各种声音都含着秋天清爽寂寥的气息，呈现出一片萧瑟的景象。幸亏床边有一盏矮灯，面对着它读起书来，更有加倍的功效。秋天读书的乐趣是非常有味的，就像在晴朗的寒天中起身赏玩空中明月般地有趣。

树叶掉光了，河水干涸了，群山枯槁，一片开阔；我也可以辽远地看清自己天赋的本性。对着书籍坐着研读，灯光不停地在壁上晃动；读到深夜，大雪已堆满屋顶，这时我可以高声大唱一曲。地上的火炉烧着有焰的炭火，锅里正煮着茶，我就在这四面都摆满图书的房中读书。冬天读书的乐趣到哪儿寻找呢？就在那寒冷的冬天，只要绽开几朵梅花来，就可以看出天地化育万物的本心。

观　书

明·于谦

书卷多情似故人，晨昏忧乐每相亲。
眼前直下三千字，胸次全无一点尘。
活水源流随处满，东风花柳逐时新。
金鞍玉勒寻芳客，未信我庐别有春。

【助读材料】

赏析：这首诗名字叫《观书》，盛赞书之好处，极写读书之趣。作者于谦，是明代著名民族英雄、诗人。他生性刚直，博学多闻。他的勤学苦练精神与他的高风亮节一样名传后世。这首诗写诗人亲身体会，抒发喜爱读书之情，意趣高雅，风格率直，说理形象，颇有感染力。

诗的首联用拟人手法，将书卷比作多情的老朋友，每日从早到晚和自己形影相随、愁苦与共，形象地表明诗人读书不倦、乐在其中。颔联用夸张、比喻手法写诗人读书的情态。三千字，非确数，而是极言读书之多之快，更表现诗人读书如饥似渴的心情。胸无一点尘，是比喻他胸无杂念。这两句诗使诗人专心致志、读书入迷的情态跃然纸上，也道出了一种读书方法。颈联用典故和自然景象作比，说明勤读书的好处，表现诗人持之以恒的精神。"活水"句，化用朱熹《观书有感》"问渠哪得清如许，谓有源头活水来"句，是说坚持经常读书，就像池塘不断有活水注入，不断得到新的营养，永远清澈。"东风"句是说勤奋攻读，不断增长新知，就像东风催开百花，染绿柳枝一样，依次而来，其乐趣令人心旷神怡。尾联以贵公子反衬，显示读书人书房四季如春的胜景。读书可以明理，可以赏景，可以观史，可以鉴人，真可谓是思接千载，视通万里，这美好之情之境，岂是玩物丧志的游手好闲者之流所能领略的！

3.

读 书 乐

明·李贽

天生龙湖,以待卓吾。天生卓吾,乃在龙湖。
龙湖卓吾,其乐何如。四时读书,不知其余。
读书伊何,会我者多。一与心会,自笑自歌。
歌吟不已,继以呼呵。恸哭呼呵,涕泗滂沱。
歌匪无因,书中有人。我观其人,实获我心。
哭匪无因,空潭无人。未见其人,实劳我心。
弃之莫读,束之高屋。怡性养神,辍歌送哭。
何必读书,然后为乐。乍闻此言,若悯不谷。
束书不观,吾何以欢。怡性养神,正在此间。
世间何窄,方册何宽。千圣万贤,与公何冤。
有身无家,有首无发。死者中身,朽者足骨。
此独不朽,原与偕殁。倚啸丛中,声振林鹊。
歌哭相从,其乐无穷!寸阴可惜,曷敢从容!

【助读材料】

作者简介: 李贽(1527—1602),号卓吾,福建晋江人,明朝人,思想家、文学家、史学家。他一生读书治学,从不中辍。

赏析: 李贽在这首四言诗中,描绘了自己读书时的心情随着书籍内容,时而高兴,时而悲伤,时而慷慨高歌,时而低头沉吟……对于李贽来说,读书就是生活,读书就是快乐,读书就是自己一生的事业和追求。

四季读书歌

熊伯伊

春读书，兴味长，磨其砚，笔花香。
读书求学不宜懒，天地日月比人忙。
燕语莺歌希领悟，桃红李白写文章。
寸阴分阳须爱惜，休负春色与时光。

夏读书，日正长，打开书，喜洋洋。
田野勤耕桑麻秀，灯下苦读书朗朗。
荷花池畔风光好，芭蕉树下气候凉。
农家四月闲人少，勤学苦耕把名扬。

秋读书，玉露凉，钻科研，写文章。
晨钟暮鼓催人急，雁去燕来促我忙。
橘灿篱疏情寂寞，枫红曲岸事彷徨。
千金一刻莫虚度，老大无成空自伤。

冬读书，年去忙，翻古典，细思量。
挂角负薪称李密，囊萤映雪有孙康。
围炉向火好勤读，踏雪寻梅莫乱逛。
丈夫欲遂平生志，一载寒窗一举汤。

【助读材料】

赏析：民国年间，湖北崇阳儒医熊伯伊酷爱读书，博学多才。他不仅妙手回春，而且能诗善文。熊伯伊曾作《四季读书歌》一首，作为自己的座右铭。

二、名人故事

1.

毛姆的"乐趣"读书法

英国作家毛姆提出"为乐趣而读书"的主张,他说:"我也不劝你一定要读完一本再读一本。就我自己而言,我发觉同时读五六本书反而更合理。因为,我们无法每一天都有保持不变的心情,而且,即使在一天之内也不见得会对一本书具有同样的热情。"

2.

读书使人充实
——培根论读书

读书使人充实,讨论使人机智,笔记使人准确,因此不常做笔记者须记忆力特强,不常讨论者须天生聪颖,不常读书者须欺世有术,始能无知而显有知。读史使人明智,读诗使人灵秀,数学使人周密,科学使人深刻,伦理学使人庄重,逻辑修辞之学使人善辩。凡有所学,皆成性格。人的才智一旦遇到窒碍,读书则可使之顺畅。如智力不集中,可令读数学,因演题需全神贯注,稍有分散即需重演;如不能辨异,可令读经院哲学,因为这些人皆吹毛求疵之人;如不善求同,不善以一物阐证另一物,可令读律师之案卷。如此头脑中凡有缺陷,皆有特药可医。

3.

读书，人才更加像人
——严文井谈读书

如果一个人有了"知识"这样一个概念，并且认识了自己知识贫乏的现状，他就可能去寻求、靠近知识。相反，如果他认为自己什么都懂，他就会远离知识，在他自以为是在前进的时候，走着倒退的路。当我明白了自己读书非常少的时候，我就产生了求学的强烈愿望。当我知道了世界上书籍数目如何庞大的时候，我又产生了分辨好坏、选择好书的愿望。

教科书不过是古往今来的各种书籍当中的一小部分，你不得不尊敬它们，但不必害怕它们，更不要被它们捆住手脚。为此，我已经付出了不小的代价，我没能考进大学，我并不认为自己不好学。

如果我在思考一个问题，长期得不到解答，我就去向古代的智者和当代的求索者求教，按照一个明显的目的，我打开了一本又一本书。

有的书给了我许多启发，有的书令我失望。即使在那些令我失望的书面前，我还是感觉有收获，那就是：道路没有完毕，还得继续走下去。

书籍默不作声，带着神秘的笑容等待着我们。当你打开任何一本书籍的时候，马上你就会听到许多声音，美妙的音乐或刺耳的噪声。你可以停留在里面，也可以马上退出来。

至于我，即使那本书里有魔鬼在嚎叫，我也要听一听，这是为了辨别小夜曲、牛鸣、苍蝇的嗡嗡、狮吼和魔鬼的歌唱有什么差别。这些差别也是知识。

书籍对所有的人都是平等的。即使你没有上过任何学校，只要你愿意去求教，它们都不拒绝。

我读过一点点书，最初是为了从里面寻找快乐和安慰，后来是为了从里面寻找苦恼和疑问。

只要活着，我今后还要读一点点书，这是为了更深地认识我自己和我同辈人知识的贫乏。

书籍，在所有动物里面，只有人这种动物才能制造出来。读书，人才更加像人。

李白读书

　　读书是件苦事,也是件乐事。李白在《翰林读书言怀呈集贤诸学士》诗中写道:"观书散遗帙,探古穷至妙。片言苟会心,掩卷忽而笑。"从这些诗句中间可以看出,李白是如何认真钻研,具有一种不达"妙境"绝不罢休的顽强精神。作者与读者的思想能交流,能给你新知,道你之所未道,能令你惊喜……难怪陶渊明"每有会意,便欣然忘食"了。"掩卷而笑"也罢,"欣然忘食"也罢,都是读书的快乐。

第三部分

传世家训名篇精选

第九章 传世篇

孔丘教子学《诗》《礼》

本文引自《论语·季氏篇》。

【原文】

陈亢问于伯鱼[1]曰："子亦有异闻乎？"

对曰："未也，尝独立，鲤趋而过庭。曰：'学《诗》乎[2]？'对曰：'未也。''不学《诗》，无以言。'鲤退而学《诗》。他日，又独立，鲤趋而过庭。曰：'学《礼》乎[3]？'对曰：'未也。''不学《礼》，无以立。'鲤退而学《礼》。闻斯二者。"

陈亢退而喜曰："问一得三，闻《诗》，闻《礼》，又闻君子远其子也。"

【注释】

[1] 陈亢：生于公元前 551 年，卒年不详，字子禽，春秋末年陈国人，孔子的学生。伯鱼：孔子的儿子，名鲤，五十而卒。

[2]《诗》：指《诗经》。

[3]《礼》：指《周礼》《仪礼》《礼记》，为六经之一。六经指《诗》《书》《礼》《乐》《易》《春秋》。

【译文】

孔子的学生陈亢问孔子的儿子伯鱼："你听到过夫子有什么特殊的教导吗？"

伯鱼说："没有。有一次，父亲一个人在那里，我恭敬地走过前庭。父亲问我：'学《诗》没有？'我说：'没有。'父亲说：'不学《诗》就不会说话。'我回去后就开始学《诗》。过了几天，又遇到父亲一个人在那里。父亲问我：'有没有学《礼》？'我说：'没有。'父亲说：'不学《礼》，便没有立足社会的依据。'我回去以后就开始学《礼》。我听到过的就是这两点内容。"

陈亢回去后非常高兴地说:"我问一件事,知道了三件事。知道了《诗》,知道《礼》,又知道了君子对儿子的态度。"

【赏析】

陈亢问了一个问题,得到了三个收获。知道了要学《诗》、学《礼》,又知道了孔子对自己的儿子并没有什么偏私。的确,《诗》和《礼》,都是孔子教育学生的重要内容。《史记》上说:"孔子以《诗》《书》《礼》《乐》教弟子。"孔子自己对学生也说过他的教育内容:"兴于《诗》,立于《礼》,成于《乐》。"和他对儿子说的话是一致的。这也许可以算是家庭教育和学校教育一致性的一个较早的典型事例。

现代人对于孔子为什么这样重视诗教,可能会觉得不好理解。当时文字结构比较复杂,纸张、印刷都未发明,书写也很不方便。人们在劳动和社会生活中取得的经验,许多都是靠诗歌流传的。"诗言志,歌咏言",说的正是这种情况。据说《诗经》305 篇,就是孔子亲自删削编定的。所以,孔子对于用《诗》来进行教育特别重视。

孔子之教子,实在是无异于教导门人弟子,在这方面确可为后世师道垂典示范。为什么这么说呢?因为孔子之教子,无非是以简明切要的语言,道出《诗》《礼》之学的重要作用,而这在孔子对弟子们的教诲之中屡见不鲜。孔子特别强调要伯鱼读《诗经》中的《周南》和《召南》。他对伯鱼说:"汝为《周南》《召南》矣乎?人而不为《周南》《召南》,其犹正墙面而立也。"面对墙站着,那就什么也看不见,一步也不能走了。为什么孔子把问题说得这么严重呢?原来《周南》和《召南》是《诗经》开头的一些篇章的总称,内容多和修身、齐家有关。孔子认为,人的道德修养就应从这里开始。

2.

孟母《断织教子》

【题解】

本文选自《韩诗外传》。

孟母（生卒年不详），战国孟子之母。孟子（前372—前289），名轲，是战国中期的思想家、政治家、教育家，继承孔子儒学，被称为"亚圣"。

这则故事形象地说明了人如果荒废学业，就像快要织好的布被剪断一样半途而废。只有通过学习，才能具有好的修养和品德。孟子听从了母亲的教诲，改正错误，坚持不懈地勤苦学习，终于成为仅次于孔子的大儒；孟母也被推崇为贤母的典范。本文故事动人，寓意深刻，孟母望子成龙之心跃然纸上，成为千古家训的范本。

【原文】

孟子之少也，既学而归。孟母方织，问学所至，孟子自若。孟母以刀断其织，孟子惧而问其故。母曰：子之废学若吾断斯织也。夫君子学以立名，问则广知，是以居则安宁，动则远害。今而废之，是不免于厮役而无以离于祸患也。

孟子惧，旦夕勤学不息，祖师子思[1]，遂成天下之名儒。

【注释】

[1] 子思：战国初哲学家，姓孔，为孔子的孙子。孟子受业于他的门下，并将其学说加以发挥，形成了思孟学派。

【译文】

孟子年轻时，在外求学中途回到家来。孟子的母亲正在织布，便问孟子学习进展到了什么程度，孟子显出一副不以为然的样子。孟子的母亲就用刀割断了正在纺织的布，孟子很害怕，忙问母亲这样做的原因。母亲说：你荒废学业，就像我割断这些织物一样。有德行的人总是以求学来显亲扬名，通过虚心求教来获得广博的知识和智慧，这样居家就能得到安宁，出门做事、做官也能避开祸害。今天你荒废了学业，这就不可避免要成为一个只会做粗活而供人驱使的人，从而也就无法远离祸患了。

孟子听了吓了一跳，从此，他日夜不懈地勤奋学习，效法老师子思，终于成了天下有名的学问家。

3.

刘邦《手敕太子》

【作者简介】

刘邦（前256—前195），即汉高祖，字季，沛（今江苏沛县）人。初为泗水亭长。秦二世元年（前209年），陈胜、吴广起义，他聚众响应，称沛公。陈胜死，他与项羽一起抗击秦军主力。前206年，率军攻入咸阳，推翻秦朝统治。同年，项羽入关，封刘邦为汉王，据巴、蜀、汉中一带。不久，刘邦与项羽展开"楚汉战争"，公元前202年，刘邦击败项羽，登帝位，建立汉朝。他继承秦制，实行中央集权制度；先后灭韩信、彭越、英布等异姓诸王，迁六国贵族和地方豪强于关中，以便控制；实行重农抑商、与民休息、轻徭薄赋等政策；修改秦律，制定《汉律》九章；定军法、历法和度量衡，外与匈奴和亲。公元前195年，刘邦病逝于长乐宫，庙号、谥号曰"高（太）祖高皇帝"。《史记》《汉书》均有传。

【题解】

刘邦自己本来不喜欢读书，见到读书的人也很讨厌。但随着政治斗争的需要，他越来越感到读书的重要性。在这篇《手敕太子》中，他以自己亲身的经历，现身说法，道出自己的深切体会与教训，告诫太子要多读书，勤习字。接着又从道德品质方面教训太子要尊重老一辈的开国元勋萧何、曹参等人，并叮嘱见了这些元老大臣时不能妄自尊大，要恭敬下拜，并以此作为弟弟们的表率。这不仅是出自品德修养方面的需要，也是巩固政权的需要。最后念念不忘如意母子，交代太子要善待他们，关照他们，真是谆谆告诫，父子情深。这件"手敕"，信笔写来，无丝毫矫揉造作痕迹，纯朴自然，真挚恳切，情意缠绵，一副慈父教子心肠，令人感动。

【原文】

吾遭乱世，当秦禁学，自喜，谓读书无益。洎践阼以来，时方省书，乃使人知作者之意，追思昔所行，多不是。

尧舜不以天子与子而与他人，此非为不惜天下，但子不中立耳。人有好牛马尚惜，况天下耶？吾以尔是元子，早有立意。群臣咸称汝友四皓，吾所不能致，而为汝来，为可任大事也。今定汝为嗣。

吾生不学书，但读书问字而遂知耳。以此故不大工，然亦足自辞解。今视汝书，犹不如吾。汝可勤学习。每上疏，宜自书，勿使人也。

汝见萧、曹、张、陈诸公侯，吾同时人，倍年于汝者，皆拜，并语于汝诸弟。

吾得疾遂困，以如意母子相累，其余诸儿皆自足立，哀此儿犹小也。

(摘自《全汉文》卷一《手敕太子》)

【译文】

我遭逢动乱不安的时代，正赶上秦皇焚书坑儒，禁止求学，我很高兴，认为读书没有什么用处。直到登基，我才明白了读书的重要，于是让别人讲解，了解作者的意思。回想以前的所作所为，实在有很多不对的地方。

古代尧舜不把天下传给自己的儿子，却让给别人，并不是不珍视天下，而是因为他们的儿子不足以担当大任。人们有品种良好的牛马，还都很珍惜，况且是天下呢？你是我的嫡传长子，我早就有意确立你为我的继承人。大臣们都称赞你的朋友商山四皓，我曾经想邀请他们没有成功，他们今天却为了你而来，由此看来你可以承担重任。现在我决定你为我的继承人。

我平生没有学书，不过在读书问字时知道一些而已。因此文词写得不大工整，但还算能够表达自己的意思。现在看你作的书，还不如我。你应当勤奋地学习，每次献上的奏议应该自己写，不要让别人代笔。

你见到萧何、曹参、张良、陈平，还有和我同辈的公侯，岁数比你大一倍的长者，都要依礼下拜。也要把这些话告诉你的弟弟们。

我现在重病缠身，使我担心牵挂的是如意母子，其他的儿子都可以自立了，怜悯这个孩子太小了。

郑玄《诫子益恩书》

【作者简介】

郑玄（127—200），字康成，北海高密（今属山东）人，东汉经学家。曾入太学学今文《易》和公羊学，又从张恭祖学《古文尚书》《周礼》《左传》等，最后从马融学古文经。游学10余年，回乡后，聚徒讲学，弟子众至数百千人。因党锢事被禁，遂杜门不出，潜心著述，以古文经说为主，兼采今文经说，遍注群经，成为汉代经池的集大成者，号郑学。经学家称他为"后郑"，以别于郑兴、郑众父子。今通行本《十三经注疏》中《毛诗》《三礼》注，即采用郑注。另注《周易》《论语》《尚书》和纬书；又作《发墨守》《箴膏肓》《起废疾》，以反驳何休；并撰《六艺论》《驳五经异义》等，均佚。清袁钧《郑氏佚书》、马国翰《玉函山房辑佚书》有佚本。孔广林《通德遗书所见录》《黄密遗书》中也有记载。

【题解】

《诫子益恩书》是郑玄晚年写给儿子郑益恩的一篇述志教子的文章，历来为人们所推重。在这封家训中，郑玄较详尽地叙述了自己的一生经历和个性喜好。讲述自己为了求学，游走四方，求教于通人大儒，旨在为儿子树立榜样；讲述自己屡次辞绝做官，而潜心著述，其间不无对宦海风波的深刻领悟，旨在告诫儿子勿入宦途；而叙述自己遭党锢之祸被监禁长达14年之久，既有对人生命途多舛的感慨，又有对朝廷昏暗的不平之怨。文中饱含着郑玄自励自傲、耿介专一的激情。末尾，郑玄才从正面训诫儿子，须在学业上"研钻勿替"，持之以恒；须在生活上勤力务实，俭朴节约；力求建立好的声誉，以荣亲耀祖。文章虽为父亲训子之书，但口吻温和，似慈父又似严师，"可不深念邪！"令人不能不深思；而"若忽忘不识，亦已焉哉"的叮嘱，实能收到令子难以忽视忘记的效果。因此，刘熙载《艺概·文概》谓："郑康成《诫子益恩书》，雍雍穆穆，隐然涵《诗》《礼》之气。"郑玄为一代硕儒，著述等身，他本身的行为即是一本较好的家训。《诫子益恩书》可以看作郑玄一生行事的总结之作，后人不应仅仅把它看作一篇家训，把它看作做人的行为规范，又何尝不可呢？

【原文】

吾家旧贫，为父母昆弟所容[1]，去厮役之吏，游学周、秦之都[2]，往来幽、并、兖、豫之域[3]，获觐乎在位通人[4]，处逸大儒[5]，得意者咸从捧手[6]，有所授焉[7]。遂博稽六艺[8]，粗览传记，时睹秘书纬术之奥[9]。年过四十，乃归供养，假田播殖，以娱朝夕。迁阁尹擅执[10]，坐党禁锢[11]，十有四年，而蒙赦令。举贤良方正有道[12]，辟大将军三司府，公车再召[13]，比牒并名，早为宰相[14]。唯彼数公，懿德大雅[15]，克堪王臣，故宜式序[16]。吾自忖度，无任于此；但念述先圣元意，思整百家之不齐，亦庶几以竭吾才[17]，故闻命罔从。而黄巾为害[18]，萍浮南北，复归邦乡，入此岁来，已七十矣。宿素衰落[19]，仍有失误，案之礼典，便合传家。今我告尔以老，归尔以事，将闲居以养性，覃思以终业[20]；自非拜国君之命，向族亲之忧，展敬坟墓，观省野物，胡尝扶杖出门乎？家事大小，汝一承之。咨尔一夫[21]，曾无同生相依，其勖求君子之道[22]，研钻勿替[23]，敬慎威仪，以近有德[24]。显誉成于僚友，德行立于己志。若致声称，亦有荣于所生，可不深念邪！吾虽无绂冕之绪[25]，颇有让爵之高。自乐以论赞之功[26]，庶不遗后人之羞。未所愤愤者，徒以亡亲坟垄未成。所好群书，率皆腐敝[27]，不得于礼堂写定[28]，传与其人。日西方暮，其可家。家今差于昔，勤力务时，无恤饥寒[29]，菲饮食，薄衣服，节夫二者，尚令我寡恨。若忽忘不识，亦已焉哉！

【注释】

[1] 昆：兄。容：优容，允许。

[2] 周、秦之都：周朝、秦朝的都会。周朝国都先后建在西安、洛阳。秦朝的国都建在咸阳。

[3] 幽、并、兖、豫之域：即河北、山西、山东、河南一带地区。幽：幽州，古代地名，在今河北北部和辽宁南部一带。并：并州，古代十二州之

一,包括今河北、山西部分地区。兖:兖州,古代九州之一,在今山东省。豫:豫州,古代九州之一,在今河南省。

[4] 获觐:争取拜见在官位的博古通今的人。获:争取,得到。觐:会见。

[5] 处逸大儒:隐居的有名望的儒家学者。处:处士,有学问之士而隐居不出来做官的人。

[6] 得意:谓其意有所成就。

[7] 有所授焉:有所赐教。

[8] 博稽六艺:广泛考察和研究六艺。博稽:广泛研究考察。六艺:《易》《礼》《乐》《诗》《书》和《春秋》。

[9] 时睹秘书纬术之奥:时常参阅隐秘的书籍和研究阴阳、五行、八卦等道理。

[10] 阉尹擅执:宦官专权。阉尹:内官,主管宫门宫室出入。擅执:专擅,把持。

[11] 坐党禁锢:东汉时,李膺、杜密等人同宦官结仇,发生了党锢之祸,宦官将200余人拘而下狱。郑玄是杜密的故吏,也被牵连下狱。坐党:因朋辈获罪。禁锢:监禁。

[12] 贤良方正:汉代选拔官吏的科目之一。历代被视作非常设之科制。

[13] 辟大将军三司府,公车再召:犹言受大将军三司府的征召。辟:征召。大将军:官名,当征讨之任。东汉大将军多专权朝政。三司府:即太尉、司空、司徒三个官府。公车再召:官府再次聘召。公车:汉代以官府的车运载应召的人,公车在这里作官府解。

[14] 比牒并名,早为宰相:意即连牒齐名被召者并为宰相,因此,其余几人早就做宰相了。

[15] 懿德大雅:美德高才。懿:美。

[16] 故宜式序:所以能合适地按次第论功序位。

[17] 亦庶几以竭吾才:也希望能够竭尽我的才能。庶几:表希望之意。

[18] 黄巾为害:即黄巾起义造成灾害。

[19] 宿素衰落:平素志愿已经衰落。

[20] 覃思:深思。覃:深入。

[21] 咨尔一夫:你孤独一人。咨:表示感叹。咨尔:孤独的样子。

［22］勖：勉励。

［23］研钻勿替：深入研究不要废弃。替：废弃。

［24］据《后汉书》载唐朝李贤等注，这几句话出自《诗经》的《大雅·芳人篇》。

［25］绂冕之绪：做官的心情。绂：系印章或佩玉用的丝带。绂的颜色依官位品级而不同。冕：大夫以上的贵族所戴的礼帽称冕。

［26］论赞之功：评论史传的功绩。论赞：指史传后所附的评论。

［27］率皆腐敝：一般都陈腐老旧。

［28］礼堂写定：在讲堂上写而删定。礼堂：讲堂，为习礼之地。

［29］无恤饥寒：不忧虑饥饿与寒冷。

【译文】

我家从前贫穷，得到父母兄弟的优待宽容，离开像仆役般的小官吏的职位，在周代和秦代的国都游学，往来于幽州、并州、兖州、豫州（皆为古地名，在今河北、山西、山东、河南）争取拜见在官位的通今博古的人，隐居的有名望的儒家学者，有见解的人，我都向他捧手求教，有所赐教。于是就广泛考察和研究六艺（指《易》《礼》《乐》《诗》《书》和《春秋》），粗略地翻阅传记，时常参阅隐秘的书籍和研究阴阳、五行、八卦的道理。年龄超过40岁，才回归故里供养父母，凭借土地种植，使早晚都快乐。遇到宦官专权，我因朋辈获罪而被牵连入狱，14年的时间，才收到赦免的命令。举荐有德行、有才能、正直的人，受大将军三司府（指太尉、司空、司徒三个官府）的征召，官府再次聘招，文书上并列挨着名字的人，早做了宰相，只有那几个人，美德高才，能够胜任朝廷大臣，所以能合适地按次第论功序位。我自己考虑，在这方面不能胜任；但惦念遵循古代圣贤原来的意思，想整理诸子百家的不一致处，也希望能够竭尽我的才能，所以听到命令没有服从。由于黄巾起义造成灾害，我南北漂泊，行踪无定，又回到了家乡，进入今年以来，已经70岁了。平宿的志愿已经衰落，仍然有失误，按照礼仪制度，就应该把家业传给你了。现在我告诉你我已年老，把家事交给你，将悠闲地过日子来陶冶性情，深入思考来终结事业。自己并不是拜受了国君的命令，询问宗族亲戚的忧患，视察坟墓表示敬意，观赏野外景物，为什么要扶着手杖出门呢？家事不论大小，你一律把它们承担起来。哎，你孤独一人，连可以互相依靠的同胞兄弟都没有，要勉力追求人格高尚的人的学说，深入研究不要废弃，严肃谨慎，保持庄严的仪容来接近有道德的人。显赫的声誉在同僚朋友中实现，道德品行在自己的志向中建立。如果带来声望和赞誉，也是家族的荣耀，能不认真考虑吗？我虽然没有做官的心绪，却稍微有些让出爵位的高尚品德，自己乐于用评论史传的功绩，希望不会给后人留下羞辱。没有让人感到烦闷的，只有亡亲的坟垒还没建成。我所喜好的各种书，一般都陈腐老旧，不能够在讲堂上写而删定，传给那些人。太阳偏西就要落山了，还能有什么希图呢？家道现在比过去差，勤勉努力抓紧时间，不要忧虑饥饿和寒冷，饮食要简单，衣服要单薄，衣食这两方面都节俭，尚且让我少一些遗憾。如果忽略而没记住，也就全完啦！

孔臧《勤学苦读》

【作者简介】

孔臧，孔子第十一世孙，西汉经学家孔安国的堂兄。武帝时，官至大长卿，一生重视治学。儿子孔琳，在他的指导下，博于学问，后位至诸吏。

【题解】

这是孔臧对儿子孔琳的诫书，以水穿石、蝎虫弊木为喻，教诲孔琳为学应日积月累，锲而不舍，并且应亲身参加实践。

【原文】

顷来闻汝与诸友生讲肄书传[1]，滋滋昼夜[2]，不怠[3]，善矣！人之讲道[4]，唯问其志[5]，取必以渐，勤则得多。山溜至柔[6]，石为之穿；蝎虫至弱[7]，木为之弊[8]。夫溜非石之凿[9]，蝎非木之钻[10]，然而能以微脆之形，陷坚刚之体，岂非积渐之致乎[11]？训曰："徒学知之未可多[12]，履而行之乃足佳[13]。"故学者所以饰百行也[14]。

【注释】

[1] 顷：近来。讲肄：讲论学习，讲习。书传：书，指儒家经书；传，先儒对经书的诠释。书传，即经传典籍。

[2] 滋滋：勤勉不倦。

[3] 不怠：和乐，快乐。

[4] 讲道：此指研究学问。

[5] 问：看。

[6] 溜：本指屋檐上滴下的水，此指山崖上流下的水。至：极，最。

[7] 蝎虫：木中蛀虫。

[8] 弊：坏，断。

[9] 凿：凿子。打孔、挖槽的工具。

[10] 钻：钻子。穿孔的工具。

[11] 致：达到。

[12] 徒：仅仅，只。多：好。

[13] 履：踩踏。此指脚踏实地。足：够得上。

[14] 饰：好，爱好。百行：各种实践。

【译文】

近来，我听说你与几位朋友讲习经传，一天到晚孜孜不倦，毫无懈怠，这确实很好。一个人研究学问，只看他有没有坚强的意志。而要获得知识，必须靠逐渐积累才可学得很多。山间的流水是再软不过的了，石头却能被它凿穿；蝎虫那是再弱小不过的了，木头却能被它蛀坏。流水本不是凿石头的铁凿，蝎虫也不是钻木头的钻子。但是，它们都能凭借微小脆弱的形体，征服坚硬的东西。这难道不是由于功夫的逐渐积累才达到的吗？古人教导说："仅仅学而知之还不算好，而脚踏实地去亲自实践，才够得上最好！"所以，这正是学者爱好各种实践的原因啊！

刘备《诫后主》

【作者简介】

刘备（161—223），即蜀汉昭烈帝，三国时蜀汉缔造者。字玄德，涿郡涿县（今河北涿州）人。东汉远支皇族。幼贫，与母贩鞋织席为业。东汉末起兵，参与镇压黄巾起义军。在军阀混战中，先后投靠袁绍、刘表等人。后得诸葛亮辅佐，采用联孙拒曹的策略，大败曹操于赤壁，占领荆州。旋又夺取益州和汉中。公元221年称帝，都成都，国号汉，年号章武。223年病死白帝城，谥昭烈皇帝，史称"先主"。

【题解】

本文是刘备临终前告诫儿子刘禅的遗诏。他勉励儿子"勿以恶小而为之，勿以善小而不为"；强调"唯贤唯德，能服于人"；自己觉得一生的贤德不怎么样，要儿子别学。那么应该怎么样呢？那就是努力读书，做个有贤德的人。这篇家训堪为修身养德的座右铭。

【原文】

朕初疾，但下痢耳[1]，后转杂他病，殆不自济[2]。人五十不称夭[3]，年已六十有余，何所复恨[4]，不复自伤[5]，但以卿兄弟为念[6]。射君到[7]，说丞相叹卿智量甚大[8]，增修过于所望[9]，审能如此[10]，吾复何忧？勉之！勉之！勿以恶小而为之，勿以善小而不为。唯贤唯德[11]，能服于人。汝父德薄，勿效之。可读《汉书》[12]《礼记》[13]，闲暇历观诸子及《六韬》[14]《商君书》[15]，益人意智[16]。闻丞相为写《申》[17]《韩》[18]《管子》[19]《六韬》一通已毕[20]，未送，道亡[21]，可自更求闻达[22]。

【注释】

[1] 朕：古代皇帝的自称。但：只，仅，只不过。

[2] 殆不自济：恐怕是治不好了。

[3] 夭：早死，短命。

[4] 何所复恨：再也没有什么遗憾的。复：再。

[5] 不复自伤：再也没有为自己死去而哀伤的。

[6] 卿：古代君对臣、长辈对晚辈的称谓。

[7] 射君：即射人，官名。

[8] 丞相：指诸葛亮，三国蜀汉的政治家、军事家。

[9] 增修过于所望：学习上的长进超过我所希望的。

[10] 审：确实，果真。

[11] 唯贤唯德：只有才能高品德好。

[12]《汉书》：史书名，东汉班固撰，100篇，分120卷，我国第一部纪传体断代史。

[13]《礼记》：书名，儒家经典之一，秦汉以前各种礼仪论著的选集。相传西汉戴圣编纂，今本为郑玄注本。

[14] 诸子：指先秦至汉初的各学派学者的著作。《六韬》：古代兵书。传为周代吕望（姜太公）作。后人研究，有人认为是战国时作品，现存6卷，即文韬、武韬、龙韬、虎韬、豹韬、犬韬。

[15]《商君书》：亦称《商君》或《商子》。战国时，商鞅及其后学的著作的合编。现存24篇。书中叙述商鞅的变法主张。

[16] 意智：能思多智。

[17]《申》：亦称《申子》，相传我国时申不害著。内容多刑名权术之学，属于法家著作。

[18]《韩》：亦称《韩非子》，战国末期韩非的著作。该书是集先秦法家学说大成的代表作，共55篇20卷。

[19]《管子》：书名，相传春秋时期齐国管仲撰写。实际系后人托名之作。共24卷，原本86篇，今存76篇。内容庞杂，包含道家、名家、法家等思想以及天文、历数、经济和农业等知识。

[20] 一通：一份。通：用于文书，表示份。

[21] 道亡：路途中丢失。

[22] 闻达：德行卓越，名誉显达。

【译文】

我开始得病时，只不过是痢疾，可是后来又夹杂上了其他疾病，自己感到不会好转了。人一活到 50 岁就不能算是短命了，我已经活了 60 岁多了，没有什么可遗憾的。自己不再有什么伤感的了，心里牵挂的只是你们兄弟。最近有人来说，丞相诸葛亮称赞你的知识气量有了很大提高，比以前长进多了，超过了我对你的期望。如果确实如此，我还有什么可担心呢？一定要自己勉励自己啊！凡事不要认为错误不大而去做，也不要认为只是一件好事因太小就不值得去做。只有贤良美德，才能够使人信服。你父亲品行浅薄，千万不要像我一样。你可以读读《汉书》《礼记》，有空再看看诸子百家以及《六韬》《商君子》，这些书能够开阔眼界，增长才干和智慧。听说丞相已把《申子》《韩非子》《管子》《六韬》等书抄好了，没有送到，便在半路丢失了，你自己可再进一步求得更多的学问。

诸葛亮《诫子书》

【作者简介】

诸葛亮,字孔明,琅琊人。三国时期著名的政治家、军事家。官至丞相。这篇《诫子书》是写给儿子诸葛乔的。

【原文】

夫君子之行,静以修身,俭以养德,非淡泊无以明志,非宁静无以致远。夫学须静也,才须学也,非学无以广才,非志无以成学。淫慢则不能励精,险躁则不能治性。年与时驰,意与日去,遂成枯落,多不接世,悲守穷庐,将复何及?

【译文】

德才兼备人的品行,是依靠内心安静精力集中来修养身心的,是依靠俭朴的作风来培养品德的。不看轻世俗的名利,就不能明确自己的志向;不是身心宁静就不能实现远大的理想。学习必须专心致志,增长才干必须刻苦学习。不努力学习就不能增长才智,不明确志向就不能在学习上获得成就。追求过度享乐和怠惰散漫就不能振奋精神,轻浮暴躁就不能陶冶性情。年华随着光阴流逝,意志随着岁月消磨,最后就像枯枝败叶那样,(成了无所作为的人)对社会没有任何用处,(到那时,)守在自家的狭小天地里,悲伤叹息,还有什么用呢?

8.

颜之推《颜氏家训·勉学》（节选）

【题解】

这篇家训的中心思想是勉励后辈勤学，论述了学习的重要性，应抱的目的，学习的少年和老年时期，古人苦学成才的事例，等等。在谈学习的重要性时，从正反两方面论述了学习的益处，不学的危害，批判了那些饱食终日、无所用心的士大夫，金玉其外、败絮其中的贵族子弟。还进一步指出：为将者不学，不知天时、地利、人和，古今兴亡成败；为相者不学，不知移风易俗，掌握自然界阴阳变化，荐拔人才，等等。要向下层人物中的贤达学习。家训指出学习的目的是充实提高自己，修身利行济世，不是只图在口里说说，做做样子。学习时机，最好是20岁以前，学东西记得最牢。但人生遭际不同，失于盛年，犹当晚学。孔子大圣，50岁学《易》。荀子、公孙弘等都是老年力学成名。至于苦学成才的事例，更是不胜枚举。文章既讲道理，又讲实例，令人信服，对梁朝士大夫与贵族子弟的描绘，形象生动，不仅读来饶有兴味，还为我们提供了研究当时社会风俗的历史资料。

【原文】

自古明王圣帝，犹须勤学，况凡庶乎[1]！此事遍于经史，吾亦不能郑重[2]，聊举近世切要[3]，以启寤汝耳[4]。士大夫子弟，数岁已上，莫不被教[5]，多者或至《礼》《传》，少者不失《诗》《论》。及至冠婚[6]，体性稍定[7]，因此天机[8]，倍须训诱，有志尚者，遂能磨砺，以就素业[9]；无履立者[10]，自兹堕慢，便为凡人。人生在世，会当有业：农民则计量耕稼，商贾则讨论货贿，工巧则致精器用，技艺则沉思法术，武夫则惯习弓马，文士则讲议经书。多见士大夫耻涉农商，羞务工技，射则不能穿札，笔则才记姓名，饱食醉酒，忽忽无事，以此销日，以此终年。或因家世余绪，得一阶半级，便自为足，全忘修学；及有吉凶大事，议论得失，蒙然张口[11]，如坐云雾；公私宴集，谈古赋诗，塞默低头，欠伸而已。有识旁观，代其入地。何惜数年勤学，长受一生愧辱哉！

梁朝全盛之时，贵游子弟，多无学术，至于谚云："'上车不落'则著作[12]，'体中何如'则秘书。"[13]无不熏衣剃面，傅粉施朱，驾长檐车[14]，跟高齿屐[15]，坐棋子方褥[16]，凭斑丝隐囊[17]，列器玩于左右，从容出入，望若神仙。明经求第[18]，则顾人答策[19]；三九公宴[20]，则假手赋诗。当尔之时[21]，亦快士也。及离乱之后，朝市迁革[22]，铨衡选举[23]，非复曩者之亲[24]；当路秉权[25]，不见昔时之党。求诸身而无所得，施之世而无所用。被褐而丧珠，失皮而露质，兀若枯木，泊若穷流[26]，鹿独戎马之间，转死沟壑之际。当尔之时，诚驽材也[27]。有学艺者，触地而安。自荒乱以来，诸见俘虏。虽百世小人，知读《论语》《孝经》者，尚为人师；虽千载冠冕[28]，不晓书记者[29]，莫不耕田养马。以此观之，安可不自勉耶？若能常保数百卷书，千载终不为小人也。

夫明载《六经》之指，涉百家之书，纵不能增益德行，敦厉风俗，犹为一艺，得以自资。父兄不可常依，乡国不可常保，一旦流离，无人庇荫，当自求诸身耳。谚曰："积财千万，不如薄技在身。"技之易习而可贵者，无过读书也。世人不问愚智，皆欲识人之多，见事之广，而不肯读书，是犹求饱而懒营馔[30]，欲暖而惰裁衣也。夫读书之人，自羲、农已来[31]，宇宙之下，凡识几人，凡见几事。生民之成败好恶，固不足论，天地所不能藏，鬼神所不能隐也。

世人但见跨马被甲，长槊强弓，便云我能为将；不知明乎天道[32]，辩乎地利，比量逆顺，鉴达兴亡之妙也[33]。但知承上接下，积财聚谷，便云我能为相；不知敬鬼事神，移风易俗，调节阴阳，荐举贤圣之至也[34]。但知私财不入，公事夙办[35]，便云我能治民；不知诚己刑物，执辔如组[36]，反风灭火[37]，化鸱为凤之术也[38]。但知抱令守律，早刑晚舍[39]，便云我能平狱；不知同辕观罪，分焉追财，假言而奸露，不问而情得之察也。爰及农商工贾，厮役奴隶，钓鱼屠肉，饭牛牧羊，皆有先达[40]，可为师表，博学求之，无不利于事也。

夫学者所以求益耳。见人读数十卷书，便自高大，凌忽长者[41]，轻慢同列[42]；人疾之如仇敌，恶之如鸱枭[43]。如此以学自损，不如无学也。

古之学者为己，以补不足也；今之学者为人，但能说之也。古之学者为人，行道以利世也；今之学者为己，修身以求进也。夫学者犹种树也，春玩其华[44]，秋登其实[45]。讲论文章，春华也；修身利行，秋实也。

人生小幼，精神专利，长成以后，思虑散逸[46]，固需早教，勿失机也。吾七岁时，诵《灵光殿赋》，至于今日，十年一理[47]，犹不遗忘；二十之外，反诵经书，一月废置，便至荒芜矣。然人有坎[48]，失于盛年，犹当晚学，不可自弃。孔子云："五十以学《易》，可以无大过矣。"魏武、袁遗[49]，老而弥笃[50]，此皆少学而至老不倦也。曾子七十乃学[51]，名闻天下；荀卿五十[52]，始来游学，犹为硕儒[53]；公孙弘四十余[54]，方读《春秋》，以此遂登丞相；朱云亦四十[55]，始学《易》《论语》；皇甫谧二十[56]，始受《孝经》《论语》，皆终成大儒，此并早迷而晚寤也。世人婚冠未学，便称迟暮，因循面墙，亦为愚耳。幼而学者，如日出之光；老而学者，如秉烛夜行，犹贤乎瞑目而无见者也。

古人勤学，有握锥投斧[57]，照雪聚萤[58]，锄则带经，牧则编简，亦为勤笃，梁世彭城刘绮，交州刺史勃之孙，早孤家贫，灯烛难办，常买荻尺寸折之，燃明夜读。孝元初出会稽，精选寮采[59]，绮以才华，为国常侍兼记室[60]，殊蒙礼遇，终于金紫光禄[61]。义阳朱詹[62]，世居江陵，后出阳都，好学，家贫无资，累日不炊，乃时吞纸以实腹。寒无毡被，抱犬而卧。犬亦饥虚，起行盗食，呼之不至，哀声动邻，犹不废业，卒成学士，官至镇南录事参军[63]，为孝元所礼。此乃不可为之事，亦是勤学之一人。东莞臧逢世，年二十余，欲读班固《汉书》，苦假借不久，乃就姐夫刘缓，乞客刺书翰纸末，手写一本，军府服其志尚，卒以《汉书》闻。

【注释】

[1] 凡庶：平民百姓。

[2] 郑重：此处作"频繁"解。

[3] 聊：姑且。切要：至关紧要。

[4] 寤：觉：醒悟；理解。

[5] 被教：受教育。

[6] 冠：戴帽。古代男子20岁行成人礼，结发戴冠。

[7] 体性：身体发育。

[8] 天机：天赋的悟性和聪明。

[9] 素业：清素之业，即儒业。

[10] 履立：行止；品行。

[11] 蒙然张口：张口结舌。

[12] "上车不落"则著作：坐在车上不跌下来的幼小孩子就可当著作郎。

[13] "体中何如"则秘书：只能写些客套话"体中何如"的人当秘书郎。

[14] 檐：车上伸出而状似屋檐的部分。

[15] 屐：木屐，底有二齿，以行泥地。

[16] 褥：坐卧的垫具。

[17] 隐囊：靠枕。

[18] 明经：汉代以明经射策取士。

[19] 顾人：即雇人；请人。

[20] 三九公宴：为三公九卿举行宴会。三九，即三公九卿。

[21] 尔：此；这。

[22] 朝市迁革：朝代变迁。

[23] 铨衡选举：变革选举办法使之平衡合理。

[24] 曩者：往昔；从前。

[25] 当路：指正在执掌大权的人。

[26] 泊：浅薄。

[27] 驽：能力低下的马。比喻才能低下。

[28] 冠冕：仕宦的代称。

[29] 书记：记事的文字，如书籍、书牍、奏记之类。

[30] 馔：食用；食物。

[31] 羲、农：伏羲、神农。

[32] 明乎天道：熟悉天时。

[33] 鉴达兴亡：通晓历代兴亡。

[34] 至：重要。

[35] 夙办：早办。

[36] 执辔如组：执马缰如丝线般整齐。组，丝带。

[37] 反风灭火：止风灭火。

[38] 化鸱为凤：化恶为善。

[39] 早刑晚舍：早上判刑，晚上释放。

[40] 先达：学问德行很好。

[41] 凌忽：欺凌轻视。

[42] 轻慢：看不起。

[43] 鸱枭：鸱是恶禽，枭是食母的鸟，古人认定这两种鸟都是恶鸟。后来用来比喻邪恶人。

[44] 华：花。

[45] 登：收获。实：果实。

[46] 散逸：分散。

[47] 十年一理：十年温习一次。

[48] 坎：失意；不得志。

[49] 魏武：指曹操。袁遗：东汉末年人，袁绍从兄。

[50] 老而弥笃：老而学习更加专注。

[51] 曾子：即曾参。孔子的学生。

[52] 荀卿：即荀子，名况。

[53] 硕儒：大儒。

[54] 公孙弘：西汉中期人。汉武帝时丞相。

[55] 朱云：西汉末期人，汉成帝称他为直臣。

[56] 皇甫谧：晋朝初年人，以著述为务。

[57] 握锥：用锥子刺大腿的苏秦。投斧：投斧挂木以示决心的文党。

[58] 照雪：映雪读书的孙康。聚萤：用萤光照读的车胤。

[59] 寮采：又称"寮"，或称"僚"。百官；官。

[60] 常侍：官名。常侍，又称散骑常侍，侍从皇帝左右，掌规谏。记室：官名，掌章奏书记文檄。

[61] 金紫光禄：官名。全称叫金紫光禄大夫。魏、晋时设有左、右光禄大夫，为加官、赠官。左右光禄大夫均银印青绶者称银青光禄大夫，其重者诏加金印紫绶就称金紫光禄大夫。

[62] 朱詹：南朝梁人，好学家贫，遂吞纸以实腹，抱犬而卧以御寒。

[63] 录事参军：官名，总录众曹文簿，举善劾非。

【译文】

自古以来，圣明的帝王尚且必须勤奋学习，何况平民百姓呢！这类事在经籍史书中随处可见，我也不能一一列举，姑且举一些近世最紧要的事例来启发开导你们。士大夫家的子弟，长到几岁以后，没有不受教育的，他们中学得多的，已经学到了《三礼》《三传》，学得少的，也学完了《诗经》《论语》。20岁以后，更要加倍进行教育诱导，有志者通过磨炼成就儒业，没志气和行为不端的因懈惰成为庸人。人生在世，应当有职业，农民盘算耕种，商人议论货财，工匠巧制器具，有技艺的人探索方法技术，武士练习骑马射箭，文人讲论经书。常见一些士大夫耻于务农经商，或从事公务技艺，每天酒醉饭饱，无所事事，把学习的事全忘掉了。碰到吉凶大事，议论事体得失，就张口结舌，如入云雾中。逢公私宴会集会，谈古作诗，只好默不作声，连打呵欠。旁人替他们惭愧，恨不能代他们钻入地下。何不勤学几年，以免一生长受羞辱。

梁朝全盛时期，贵家子弟，多无学问，当时谚语说："成天坐车游荡的人当著作郎；只能写客套话'体中何如'的人当秘书郎。"他们只知打扮自己，出行坐卧赏玩都很讲究，望之若神仙。参加明经考试，请人代为答问；官府举行宴会，则请人作诗。当时确实很快活，后来朝代变迁，选人用人的不是往日的亲朋同党，从他们身上找不到什么才能，放到社会上没有一点用处，失去华贵的外表，露出卑劣的本质，呆立着如枯木朽株，浅薄得像快干涸的河流，战乱中流离失所，辗转死于沟壑之中。在这种时候，真成了平庸低下的人。而有学识技艺的人则可到处安身，谋生有术。自战乱以来，所见被俘虏的人，即使历代寒士，懂得读《论语》《孝经》，还能给人家当老师；虽是历代做官的人，不懂得读书做文章，没有不是去耕田养马的。从这一点来看，怎么能不自勉呢？如果能经常保有几百卷书，过了千年也不会成为小人。

通晓六经的意旨，广泛读诸子百家著作，即使不能提高道德修养，促使风俗敦厚，但仍不失为一种技艺，可资以谋生。父兄不可长久依靠，家园不可常保无事，一旦无人庇护，就只可依靠自己。俗话说："积财千万，不如薄技在身。"想有技能，见多识广，而又不肯读书，就像想吃饱而懒得去做饭菜，想穿暖而懒得去裁剪衣裳。那些读书人，从伏羲、神农的时代以来，在这世界上，共认识了多少人，见识了多少事，对一般人的成败好恶，他们看得很清楚，这固然不必再说，就是天地鬼神的事，也是瞒不过他们的。

现在一些人只知道骑着战马，披上铠甲，手执长矛，身带器弓，就说"我能为将"，而不懂得为将要熟悉天时、地利，比较战争逆顺，通晓历代兴亡的奥妙。只知道承上接下，积财聚谷，就说"我能为相"，而不知道敬奉鬼神、移风易俗，掌握自然规律，发现选拔人才的重要。只知道不受贿赂，不延误公事，就说"我能治民"，而不知道以忠诚作百姓榜样，执马缰如丝线般整齐以驾驭吏民，以及防风灭火、化恶为善之法。只知道照搬法律条令，早上判刑，晚上释放，就说"我能平反冤狱"，而不知如何根据物证明辨是非，如李崇用假话哄骗露出奸谋，如陆云不审问而查清事实。在农夫、工匠、商人以至奴仆、渔夫、牧人等各类人中，都有学问德行很好的人，可为师表，多方面学习，很有好处。

学习是为了求知，有的人读了几十卷书，就自高自大，欺凌轻视长者，看不起同辈人，人们像痛恨仇敌一样痛恨他，像厌恶鸱枭一样厌恶他，如此这样学习自损自己，还不如不学的好。

古人学习为了补充自己的不足，现在的人学习是为了给人看，说说而已。古人学习为了实行自己的主张，有利社会；今人学习为了自己的利益，作为进身之用。学习如种树，春天欣赏它的花，秋天收获它的果，讲论文章如春花，修身行世如秋实。

人在儿时，专心一致，长大以后，注意力分散，所以要及早教育，不失时机。我七岁时能背诵《灵光殿赋》，10年温习一次，至今不忘。20岁以后背诵的经书，丢开一个月就荒废。万一错过这学习时机，也不可自暴自弃。孔子50岁时学《易经》，曹操、袁遗老年学习更加专注。曾子70岁才学，名闻天下；荀卿50岁才到齐国游学，还是成了大儒；公孙弘40多岁才读《春秋》，因此做了丞相；朱云也是40岁才学《易经》《论语》，皇甫谧20岁才从师学《孝经》《论语》。他们都成了大儒。这些都是早年未学到晚年才明白过来的例子。世人到20岁就说学习晚了，因此疲沓松劲，如面墙而立，寸步不前，是很蠢的。年幼而学，如初升的太阳，老年学习，如持烛夜行，仍然比闭着眼睛一无所见强得多。

古人勤学，有用锥子刺大腿的苏秦，投斧求学以示决心的文党，映雪读书的孙康，用萤光照读的车胤，带着经书去锄地的兒宽、常林，用蒲草编成小简写字的路温舒。梁朝彭城的刘绮，是交州刺史刘勃的孙子，幼年丧父，家境贫寒，无钱买灯烛，经常买了尺把长的荻杆，折成一寸一寸点燃了照明夜读。梁元帝萧绎任会稽太守时，精心选拔官史，刘琦以其才华当上了太子府中的国常侍兼记室，最后做到金紫光禄大夫。义阳县的朱詹，家贫几天吃不上饭，以纸充饥，天冷抱狗取暖。狗十分饥饿，就跑到外面偷东西吃，朱詹大声呼唤狗也不回家，哀声惊动邻里。尽管如此，他依旧不废学业，终成学士，官至镇南录事参军，受到元帝尊重。这是一般人做不到的，也是勤奋好学的一个例子。东莞人臧逢世，20多岁时读《汉书》，苦于借阅时间不长，向姐夫要了客人名片和平日书信的纸尾，手抄一本，终以研读《汉书》出名。

9.

元稹《诲侄等书》

【作者简介】

元稹（779—831）字微之，河南河内（今河南洛阳市）人。生于长安，自幼丧父，家庭贫困，随母刻苦自学。贞元九年（793 年）明经及第。元和元年（806 年），举制科，对策第一。历任监察御史。因得罪宦官，贬江陵士曹参军，徙通州司马，改虢州长史。后交结宦官，逐日升迁。长庆二年（822年）拜为宰相，数月后出为同州刺史，又为越州刺史、浙东观察使。大和四年（830 年）为检校户部尚书，兼鄂州刺史、御史大夫、武昌军节度使。因暴疾卒于武昌任所。新、旧《唐书》均有传。他长于诗，与白居易齐名，世称"元白"，为新乐府运动倡导者之一。诗文成就在白居易之下，部分作品有独创性。其传奇《莺莺传》（一名《会真记》）是"西厢故事"的蓝本。有《元氏长庆集》。

【题解】

这封家信，是元稹写给他的几个侄儿的。书信的中心议题是年轻人要抓住时间，勤奋学习，为将来成就一番事业打下扎实的基础。信中讲述了他同兄长的深厚感情，讲述了他年幼时刻苦学习的经历，情辞恳切，真实感人。书信将读书与做人联系起来，鼓励为国尽忠，扬名后世，立意也是很深厚的，所抒发的是知识分子的忧国忧民之心、奋发报国之志。这种苦学勤读的榜样力量，是后世学习奋发向上的精神源泉。

【原文】

告仑等：吾谪窜方始[1]，见汝未期，粗以所怀，贻诲于汝。汝等心志未立，冠岁行登[2]。古人讥十九童心[3]，能不自惧？吾不能远逾他人，汝独不见吾兄之奉家法乎？吾家世俭贫，先人遗训常恐置产怠子孙[4]，故家无樵苏之地[5]，尔所详也。吾窃见吾兄自二十年来，以下士之禄持窘绝之家，其间半是乞丐羁游以相给足[6]，然而吾生三十二年矣，知衣食之所自，始东都为御史时[7]。吾常自思：尚不省受吾兄正色之训而况于鞭笞诘责乎[8]！呜呼！吾所以幸而为兄者，则汝等又幸而为父矣！有父如此，尚不足为汝师乎？

吾尚有血诚，将告于汝[9]，吾幼乏歧嶷[10]，10岁知文[11]，严毅之训不闻，师友之资尽废，忆得初读书时，感慈旨一言之叹[12]，遂志于学。是时尚在凤翔[13]，每借书于齐仓曹家[14]，徒步执卷就陆姊夫师授，栖栖勤勤[15]。其始也如此，至年十五，得明经及第[16]，因捧先人旧书于西窗下，钻仰沉吟[17]，仅于不窥园井矣[18]。如是者十年，然后粗沾一命[19]，粗成一名，及今思之，上不能及乌鸟之报复[20]，下未能减亲戚之饥寒，抱衅终身[21]，偷活今日，故李密云："生愿为人兄，得奉时日长。"[22]吾每念此言，无不雨涕。

汝等又见吾自御史来，效职无避祸之心，临事有致命之志，尚知之乎？吾此意，虽吾弟兄未忍及此。盖以往岁忝职谏官[23]，不忍小见，妄干朝听[24]，谪弃河南[25]，泣血西归，生死无告。幸余命不殒，重戴冠缨[26]，常誓效死君前，扬名后代，殁有以谢先人于地下耳。

呜呼！及其时而不思，既思之而不及，尚何言哉！今汝等父母天地，兄弟成行，不于此时佩服诗书以求荣达，其为人耶？其曰人耶？吾又以吾兄所识易涉悔尤。

汝等出入游从亦宜切慎[27]，吾诚不宜言及于此。吾生长京城，朋从不少，然而未尝识倡优之门[28]，不曾于喧哗纵观，汝信之乎？吾终鲜姊妹，陆氏诸生，念之倍汝、小婢子等。既抱吾殃身之恨，未有吾克己之诚，日夜思之，若忘生次。

汝因便录吾此书寄之，庶其自发[29]，千万努力，无弃斯须[30]。稹付仑、郑等。

【注释】

[1] 谪窜：贬官调动。指公元810年，元稹由京城被贬到湖北江陵。

[2] 冠岁行登：将到20岁的成年男子了。冠岁：古代男子20岁行冠礼，便算成年人。行登：走上，即快到。

[3] 古人讥十九童心：据《左传》记载，鲁昭公19岁，犹有童心，为人

们讥笑。童心：童年爱嬉戏的心理。

[4] 置产怠子孙：前辈人留下产业使子孙懒惰。

[5] 樵苏：打柴草。

[6] 乞丐羁游：为生活所迫出外奔波乞求。羁：在外做客。

[7] 东都为御史时：公元810年，元稹奉命从川东回来，到东都洛阳任监察御史。

[8] 鞭答诘责：用鞭子荆条打，用恶言恶语斥责。

[9] 血诚：由衷。

[10] 歧嶷：谓渐能起立。形容年幼而聪慧。

[11] 文：指文学。

[12] 慈旨：母亲的话。

[13] 凤翔：陕西凤翔县。

[14] 仓曹：郡刺史的管理粮草的官员。

[15] 栖栖勤勤：辛勤忙碌。栖栖：不安定，忙忙碌碌。

[16] 明经及第：科举制度的一种。唐制取士之种类有秀才、明经、进士、俊士、明法、明字、明算等，而明经、进士二科最为知识阶层所重视。当时以诗赋取者谓之进士，以经义取者谓之明经。以通明经术通过科举考试，谓明经及第。

[17] 钻仰沉吟：钻研思考。

[18] 不窥园井：闭门不出的意思。传说汉代董仲舒下帷读书，三年不窥园。用来形容专心苦学精神。

[19] 粗沾一命：勉强做了一名小官。一命：周代的官爵分为九个等级称九命，一命是等级最低的官。

[20] 乌鸟之报复：古时传说，乌鸦有反哺之情，称乌鸟为孝鸟。待老鸦不能寻食时，小鸦寻食物喂养老鸦，称乌鸟之报复。后来比喻奉养长辈的孝心。

[21] 抱衅终身：负罪终生。衅：罪过。

[22] 李密：西晋人，幼年时父亲死后母亲改嫁，祖母把他养大成人。后来晋武帝任命他为太子洗马，李密为赡养祖母，呈表恳辞。这篇"表"，就是有名的《陈情表》。

[23] 忝职：愧任。忝：愧。

〔24〕妄干朝听：大胆干预朝政。

〔25〕谪弃河南：在河南东都洛阳被贬官。

〔26〕重戴冠缨：重新担任官职。

〔27〕出入游从：人际交往。

〔28〕倡优：旧时的妓女和从事歌舞戏剧的艺人合称倡优。

〔29〕庶其自发：期望你们自己奋发。庶：期望。

〔30〕斯须：通"须臾"，片刻的时间。

【译文】

告元侄等：我被贬官外放刚刚开始，再见到你们的具体时间难以预期，现在我粗略地把想到的事情，留给你们作为教诲。你们的志向还没有确立，可是就要成为20岁的成年男子了，古人曾讥笑鲁昭公到19岁还有嬉戏的童稚之心，你们能不自己警醒吗？我不能远以其他人作比，你们难道没见我的兄长是如何奉行家法的吗？我们元家世代贫困节俭，先辈传下遗训常怕广置家产将会使子孙懒惰，所以家里没有薄田可种，这是你们所详细了解的。我私下见我兄长20年以来，以最低的俸禄来维持穷困至极的家庭生活，其中一半要靠奔波在外向人乞求才能供给家用的不足。然而，我生来已经32岁了，懂得穿衣吃饭的来源时，开始于我任东台御史。我常常自思：我还不知道接受我兄长严肃的教训是什么，而何况是用鞭子荆条打我，用高声恶语责问呵斥我呢！哎呀！我幸运地有了这样的兄长，你们又幸运地有这样的父亲！有这样好的父亲，还不足以做你们的师表吗？

我还有肺腑之言将告诉你们：我自幼缺乏聪慧的见识，10岁时懂得道理和礼法，父亲严厉弘毅的训导不得听到，师友的帮助一概没有。记得刚开始读书时，母亲的一句话令我感叹，从此就立志于学业。这时还在凤翔，每每向齐仓曹家去借书，徒步拿着书到姐夫陆翰那里拜师求教，辛勤而忙碌。我开始读书时的情景就是如此，到15岁时，我考中明经科举，于是又捧着先人的旧书，在西窗下研读深思，几乎足不出户。像这样专心读书10年，之后才勉强做了一介小官，略有了一点名气。到现在想起这些，上不能像乌鸦反哺一样报答父母的养育之恩，下不能减少亲戚的饥寒之苦，抱憾终身，而苟且偷生到了今日。所以李密曾说："生来希望做人的兄长，可以得到奉养长辈的较长的日子。"我每想到这句话，莫不泪如雨下。

你们又看到我自从做了御史以来，效命职守从无全身避祸的念头，遇到事情就有舍弃生命的心志。你们还知道吗？我的这些想法，即使我们兄弟之间也不忍心谈及。因为从往年愧任谏官之职，忍不住发表个人的小小看法，大胆干涉朝政，在河南洛阳遭到贬谪，我泣血洒泪西归，生与死无法向人告诉。不幸的是，我残余的性命尚能保全，重新戴上了官帽，常常发誓效纳死命于君前，播扬名声于后代，死后有用以告慰地下祖先的言辞了！

哎呀！到那时而想不到这一切，已经想到而又来不及了，还有什么话可说呢？现在你们父母健在，兄弟成行，不在这时刻苦钻研诗书，以求得荣宗显达，那还算人吗？那还可以叫人吗？我又认为我兄长所交往的朋友，容易招致自我悔恨和他人的指责。

你们与人交往，也应该非常谨慎。我的确不应该谈到这些。我生长在京城，朋友不少，但是我不曾知道歌楼妓院，不曾在喧哗的闹市放眼观看，你们会信这些吗？我少有姐妹，陆家的各位后生，我想起来超过你们和小婢女等。即使我抱有终身之憾，又没有我克己的诚心，日日夜夜想到这些，好像忘了身在何处。

你们趁便抄录这封信寄给陆家诸位后生，希望你们自强奋发。你们千万努力，不要抛弃片刻时间。元稹写付于仑、郑等。

10.

韩愈《符读书城南》

【作者简介】

韩愈(768—824),唐代文学家、哲学家。字退之,祖籍河北昌黎,后迁邓州南阳(今属河南),故世称韩昌黎。贞元八年(792年)进士,任监察御史,以事贬为阳山令。遇赦后任国子博士、刑部侍郎,后任国子祭酒、吏部侍郎、御史大夫。卒谥文,又称韩文公。倡导古文运动,被列为"唐宋八大家"之首。著有《昌黎先生集》。

【题解】

这首五言诗是韩愈告诫儿子韩符要以读书为本的家训。韩愈认为"诗书勤乃有,不勤腹空虚",并把知识才学提到极其重要的位置上,提出人与人之间的区别主要取决于腹中是否有才学,不读书与读书有天壤之别,甚至将不读书、不通古今的人,贬为"马牛而襟裾"。文中既有比喻,又有议论,生动形象,是一篇耐人寻味的好家训。

【原文】

木之就规矩[1],在梓匠轮舆[2]。人之能为人,由腹有诗书。
诗书勤乃有,不勤腹空虚。欲知学之力[3],贤愚同一初。
由其不能学,所入遂异闾[4]。两家各生子,提孩巧相如。
少长聚嬉戏,不殊同队鱼。年至十二三,头角稍相疏[5]。
二十渐乖张[6],清沟映污渠[7]。三十骨骼成,乃一龙一猪。
飞黄腾踏去[8],不能顾蟾蜍[9]。一为马前卒,鞭背生虫蛆。
一为公与相,潭潭府中居。问之何因尔[10],学与不学欤。
金璧虽重宝[11],费用难贮储。学问藏之身,身在则有余。

君子与小人，不系父母且[12]。不见公与相，起身自犁锄[13]。
不见三公后[14]，寒饥出无驴。文章岂不贵，经训乃菑畲[15]。
潢潦无根源[16]，朝满夕已除。人不通古今，马牛而襟裾[17]。
行身陷不义[18]，况望多名誉。时秋积雨霁[19]，新凉入郊墟[20]。
灯火稍可亲，简编可卷舒[21]。岂不旦夕念[22]，为尔惜居诸[23]。
恩义有相夺[24]，作诗劝踌躇。

【注释】

[1] 木：原木，未经加工之木。就：近；合乎。规矩：木工校正圆形和方形的两种工具。化用孟子"不以规矩不能成方圆"的话。

[2] 梓匠轮舆：泛指木工师傅。梓匠：梓人与匠人。古代梓人造器具，匠人造房屋。轮舆：轮人和舆人，古代造车的木工。

[3] 力：功效。

[4] 异闾：不同的门径。闾：原指里巷的大门。

[5] 头角：比喻显露出来的气概或才华。稍相疏：稍微拉开距离。疏：远。

[6] 乖张：分离。

[7] 清沟：澄澈的流水。渠：停滞不流的池水。

[8] 飞黄：传说中的神马名。腾踏：上升，引申为发迹、宦途得意。现多用于贬义。

[9] 蟾蜍：癞蛤蟆。

[10] 何因尔：因为什么会这样。尔：这样；如此。

[11] 金璧：黄金白玉。

[12] 系：连属；关系。且：用在句末，多作语助词。

[13] 犁锄：泛指农家。

[14] 三公：地位高的大官。周代三公有两说。一说，司马、司徒、司空为三公。一说，太师、太傅、太保为三公。西汉时以丞相（大司徒）、太尉（大司马）、御史大夫（大司空）合称三公。东汉时以太尉、司徒、司空合称三公。又称三司，为共同负责军政的最高长官，唐宋仍沿此称，但已无实际职务。明清虽亦以太师、太傅、太保为三公，但只用作大臣的最高荣衔。

[15] 经训：儒家著作。畲：耕耘。

[16] 潢潦：地面积水；雨后地面积水。

[17] 襟裾：泛指人的衣服。

[18] 行身：立身行事。

[19] 霁：雨止。

[20] 郊墟：泛指城外村落。

[21] 简编：编连成册的书简，指书籍。卷舒：从容不迫。

[22] 旦夕念：天天为你考虑。旦夕：天天。念：考虑。

[23] 居诸：《诗》："日居月诸。"居诸本语助词，后来借指光阴。

[24] 恩：父母之爱。义：指父母之教。相夺：两者不并立。

【译文】

木材能按圆规曲尺做成器具，就在于木工和轮匠、舆匠的辛勤劳动；人之所以能够成才，就在于他饱读了诗书。诗书中的千般知识只有勤奋才能获得，不勤奋肚子里就会空空的。人刚出生学习的能力是完全一样的，并无贤愚高下之分。

因为有的人后来不能勤学，所走的门径也就不同了。两家各自生下来的小孩，小的时候是一样的聪明。年岁稍大一点在一起玩耍游戏，就像一个鱼群队里的鱼群一样没有什么不同。到了十二三岁的时候，各人表现出来才智就稍有不同了。到了20岁的时候，差别就变得很大了，就像污渠与清沟对映一样泾渭分明。到了30岁的时候，人已完全长成，更大的区别就如龙和猪一样了。

像神马一样飞驰而去的人，就不能照顾像癞蛤蟆一样飞不动、跳不快的人。一个为马前卒，被人驱使；一个为三公或宰相，居住在宽深的府第。如果问如此大的差别是什么原因的话，就是学与不学的缘故。黄金璧玉虽是贵重的珍宝，花费用度却难以储藏；学问藏在自己身上，身在就用之不竭、用之有余。

君子与小人这两种人，全是他们自己的努力不努力的结果，不关系到他们的父母。难道不见有这样的公与相吗？他们就是出身于农家。难道不见有这样的三公后代吗？他们饥寒交迫外出连坐骑也没有。文章是很可贵的，经籍的解说也是耕耘、开荒的工作。积水池、积水沟里的水是没有源头的。早晨还是满满的，到了晚间就干涸了。人不懂得古今之事，就好比马牛穿着人的衣服一样。如果将自身陷于不义之地，还想得到什么名誉呢！

进入秋季，阴雨初停，凉爽的天气已遍布村野郊外。正好可以趁着灯火，打开书卷来读。从早到晚我都顾念着你，只望你能珍惜光阴。孩子，我深爱你，但我必须教你对的东西，写这首诗只为勉励徘徊不前的你。

11.

朱熹《与长子受之》

【作者简介】

朱熹（1130—1200），南宋哲学家、教育家。字元晦，又字仲晦，号晦庵，别称紫阳，徽州婺源（今属江西）人。侨居建阳（今属福建）。绍兴十八年（1148年）进士，累官转运副使、焕章阁待制、秘阁修撰。终宝文阁待制。主张抗金。哲学上发展了二程关于理气关系的学说，建立了完整的客观唯心主义体系，成为宋代理学的集大成者。宋末以后直至清代被奉为正宗儒学。从事教育50余年，广注典籍，于经学、史学、文学、乐律以至自然科学，都有程度不同的贡献。著有《朱文公文集》《朱子语类》《朱子大全》等。

【原文】

盖汝好学，在家足可读书作文，讲明义理[1]，不待远离膝下[2]，千里从师。汝既不能如此，即是自不好学，已无可望之理。然今遣汝者，恐你在家汩[3]于俗务，不得专意。又父子之间，不欲昼夜督责。及无朋友闻见。故令汝一行。汝若到彼，能奋然勇为，力改故习，一味勤谨，则吾犹可望。不然，则徒劳费。只与在家一般，他日归来，又只是伎俩[4]人物，不知汝将何面目归见父母亲戚乡党[5]故旧耶？

念之！念之！"夙兴夜寐，无忝[6]尔所生！"在此一行，千万努力。

【注释】

[1] 义理：指讲求经义、探究名理的学问。

[2] 膝下：借指父母。

[3] 汩（gǔ）：搅乱，扰乱。

[4] 伎俩：原指不正当的手段，这里是不务正业的意思。
[5] 乡党：乡里、家乡的人。
[6] 无忝（tiǎn）：不要辱没。忝，辱。

【译文】

其实，你如果好学，在家中就可以读书习文，讲明义理，不一定非得远离父母，于千里外求学。可是你已经不能这样，自己不好好学习，也没什么可期望了。然而我现在还是把你打发出去，是担心你在家中为世俗杂务所扰乱，不能专心。又因为父子之间，父亲也不能日夜对你督促责备，家中也不便于你结交朋友增广见闻，所以还是叫你出去走一走。假如你到那里，能奋发有为，努力改掉旧习，一味勤快谨慎，那么，我对你还是有信心的。要不然，我就是白费心思，你还是和在家里一样；将来回来以后，依然故我。如果真是这样，我不知你将有何脸面回来见你的父母亲戚、同乡、朋友呢？

记住，记住。希望你早起晚睡，不要辱没了生你的父母。就在于这一次了，千万要努力！

12.

欧阳修《诲学说》

【作者简介】

欧阳修（1007—1072），北宋文学家、史学家。字永叔，号醉翁，晚号六一居士，吉水（今属江西）人。天圣进士，曾任枢密副使、参知政事。早年支持范仲淹主持的"庆历新政"，要求在政治上有所改革。神宗即位，因议新法，与王安石意见不合，坚请致仕，卒谥"文忠"。所作文章说理畅达，抒情委婉，为北宋古文运动领袖，"唐宋八大家"之一。曾与宋祁合修《新唐书》，独撰《新五代史》，著有《欧阳文忠集》等。

【题解】

"玉不琢，不成器；人不学，不知道"原是《礼记·学记》中的话。欧阳修在这里加以发挥，认为美玉不琢不磨，虽不成器物，仍不失为玉；人不学习，则会变成品行不好的小人，危害甚大，因而勉励儿子要努力学习，力求上进，成为品学兼优的人，而不要沦为小人。这是正确的。奕是欧阳修的儿子，曾任光禄寺丞。

【原文】

玉不琢，不成器[1]；人不学，不知道[2]。然玉之为物，有不变之常德，虽不琢以为器，而犹不害为玉也。人之性，因物则迁。不学，则舍君子而为小人，可不念哉？付奕[3]。

【注释】

[1] 玉不琢二句：语出《礼记·学记》。琢，雕刻玉石。

[2] 不知道：不懂得道理。

[3]奕:指欧阳修的儿子欧阳奕。

【译文】

玉石不经雕刻,就不成为器物;人不学习,就不懂道理。然而,玉石作为一种物品,有很稳固的特性,即或不雕刻为器物,也不失为玉。但人的思想性格,会随着外界事物的影响而发生变化。人若不学习,就不能成为君子而会成为小人,能不时时刻刻警惕吗?写给儿子奕。

13.

叶梦得《石林家训·旦必读书》

【作者简介】

叶梦得（1077—1148），字少蕴，号石林居士。宋苏州吴县（今江苏境内）人，迁居湖州乌程（今浙江境内）。宋哲宗绍圣四年（1097 年）进士。初任丹徒尉。宋高宗绍兴年间，历任江东安抚制置大使兼知建康府、行宫留守，尽力于防务和筹饷。叶梦得学问博广，精通掌故，是宋代著名学者和词人，被人誉为"贯穿五经，驰骋百氏，谈笑千言，落笔万字"，诗词自成一家。生平著作有《建康集》《石林词》《石林诗话》《石林燕语》《避暑录话》等。

【题解】

《石林家训》之所以颇有影响，原因即在于它以通俗易懂的词句论述了不少真理性的训诫，由本文即可窥见一斑。《旦必读书》文字浅显，重在提出学子每天要读三五卷书，何也？为了使自己"一生永不会向下，作下等人"。换言之，读书是手段，是通向人上人的桥梁，而不作下等人是目的，是躲开丧身破家之祸的良方。因此，为人子弟者"旦必读书"。作者现身说法，以读书为终身享乐的例子告诫后人务必重视读书。这也正如孙奇逢《孝友堂家训》所总结的"古人读书，取科举犹第二事，全为明道理，做好人"。明人吴麟徵在《家诫要言》中也有与叶梦得一样的看法："多读书则气清，气清则神正，神正则吉祥出焉，自天佑之；读书少则身暇，身暇则邪间，邪间则过恶作焉，忧患及之。"相比而看，古人对读书是如何重视啊！

【原文】

且起须先读书三五卷，正其用心处，然后可及他事。暮夜见烛亦复然。

若遇无事，终日不离几案。苟能如此，一生永不会向下，作下等人。如见他事，自然不妄。吾二年来目力极昏，看小字甚难。然盛夏帐中，亦须读书。至极困，乃就枕。不尔，胸次歉然，若有未了事，往往睡亦不美，况昼日乎？若凌晨便治俗事，或冗或默，闲坐日复一日，与书卷渐远，岂复更思学问？如此不流入俗人，则着衣吃饭，一骇[1]子弟耳。况复博奕[2]饮酒，追逐玩好，寻求交友，唯意所欲，近二三年，远五六年，未有不丧身破家者。此不待吾言，知之，则庶乎其免矣。

【注释】

[1] 骇：愚，呆。《汉书·息夫躬传》："左将军公孙禄、司隶鲍宣皆外有直项之名，内实骇不晓政事。"

[2] 博奕：赌博下棋。奕，通弈，下棋。

【译文】

早晨起床后第一件事是先读三五卷书，使自己的心态端正，然后再去做其他的事，夜幕降临后也一样。如有闲暇的时间，便终日伏案苦读。如能坚持这样做，一生永远不会走下坡路，作卑贱的人，遇到事情处理起来也不会越轨。我近两年来，眼力不支，小字看不清。但即使在盛夏时分，也总是躲在帐内读书，到极其困倦时才入睡，否则，心中总感觉欠缺点什么，觉也睡不香，更何况大白天呢？如果一大早便料理琐事，或忙忙碌碌或闲待在那里，日复一日，就会与书渐渐疏远，哪里还会想到做学问？这样，不成为庸俗的人，也会成为一个只懂得穿衣吃饭的呆子。更何况赌博、吃喝，追逐玩赏的东西，滥交朋友，为所欲为。沾上一样，近则二三年，远则五六年，非丧身破家不可。到此就不再多说了，知道了这些道理，那么就可能避免上述情况了。

第十章　家训篇

曾国藩家书·劝学篇

禀父母·闻九弟习字长进

【原文】

男国藩跪禀

父母亲大人万福金安,九弟之病,自正月十六日后,日见强旺;二月一日开荤,现全复元矣。二月以来,日日习字,时有长进。男亦常习小楷,以为明年考差之具。近来改临智永千字文帖,不复临颜柳二家帖,以不合时宜故也。

孙男身体甚好,每日佻达[1]欢呼,曾无歇息,孙女亦好。浙江之事,闻于正月底交战,仍尔不胜。去岁所失宁波府城,定海、镇海二县城,尚未收复。英夷滋扰以来,皆汉奸助之为虐,此辈食毛践土,丧尽天良,不知何日罪恶贯盈,始得聚而歼灭。

湖北崇阳县逆贼钟人杰为乱,攻占崇阳、通城二县。裕制军[2]即日扑灭,将钟人杰及逆党槛送京师正法,余孽俱已搜尽。钟逆倡乱不及一月,党羽姻属,皆伏天诛。黄河去年决口,昨已合拢,大功告成矣。

九弟前病中思归,近因难觅好伴,且闻道上有虞,是以不复作归计。弟自病好后,亦安心不甚思家。李碧峰在寓三月,现已找得馆地,在唐同年李杜家教书,每月俸金二两,月费一千。男于二月初配丸药一料,重三斤,约计费钱六千文。男等在京谨慎,望父母亲大人放心,男谨禀。

(道光二十二年二月二十四日)

【注释】

[1] 佻达:调皮,戏闹。

[2] 裕制军：裕，裕泰，时任湖广总督；制军，清时总督的别称。

【译文】

儿子国藩跪着禀告

父母亲大人万福金安。九弟的病，自正月十六日后，一天天强健起来，二月一日起开始吃荤，现已全部复元。二月以来，天天学习写字，且有所长进。儿子也常习小楷，做为明年考差的工具。近来改临智永的千字文帖，不再临颜、柳两家帖了，因为不合时宜的缘故。

孙儿身体很好，每天戏谑欢叫，也不用歇息，孙女也好。浙江的事，听说在正月底交战，仍旧没有取胜。去年失守的宁波府城，定海、镇海两县城，还没有收复。英国人滋扰以来，都是一些汉奸助纣为虐，这些汉奸吃的食物和住得房屋及土地都是国君的，（他们）丧尽天良，不知道哪天罪恶贯盈，才得以一起把他们歼灭。

湖北崇阳县逆贼钟人杰作乱，攻占崇阳、通城两县。裕制军近日将乱军消灭了，将钟人杰及逆党用囚车关了押送京城正法，余孽已经一网打尽。荆钟逆倡乱不到一个月，党羽姻属，都受到天诛。黄河去年决口，昨已合拢，大功告成。

九弟前病时想回家，近来因为找不到好伴，并且听说路上不平安，所以已不准备回家了。弟弟自从病好之后，也安心不想家了。李碧峰在家住了三个月，现在已经找到教书的馆地，在唐同年李杜家教书，每个月俸金二两，月费一千。儿子在二月初配丸药一料，重三斤，大约花了六千文钱。儿子等在京城谨慎从事，望父母亲大人放心。儿子谨禀。

（道光二十二年二月二十四日）

2.

禀父母·教弟写字养神

【原文】

男国藩跪禀

父母亲大人万福金安。三月初,奉大人正月十二日手谕,具悉一切。又知附有布疋腊肉等,在黄弗卿处,第不知黄氏兄弟,何日进京?又不知家中系专人送至省城,抑托人顺带也?

男在京身体如常,男妇亦清吉。九弟体已复元,前二月间,因其初愈,每日只令写字养神。三月以来,仍理旧业,依去年功课。未服补剂,男分丸药六两与他吃,因年少不敢峻补[1]。孙男女皆好,拟于三月间点牛痘。此间牛痘局,系广东京官请名医设局积德,不索一钱,万无一失。

男近来每日习字,不多看书。同年邀为试帖诗课,十日内作诗五首,用白折写好公评,以为明年考差之具。又吴子序同年,有两弟在男处附课看文。

又金台书院每月月课,男亦代人作文,因久荒制艺,不得不略为温习。

此刻光景已窘,幸每月可收公项房钱十五千外,些微挪借,即可过度,京城银钱,此外间究为活动。家中去年澈底澄清,余债无多,此真可喜!

蕙妹仅存钱四百千,以二百在新窑食租,不知住何人屋?负薪汲水,又靠何人?率五又文弱,何能习劳,后有家信,望将蕙妹家事,琐细详书,余容后呈,男谨禀。

(道光二十二年三月十一日)

【注释】

[1] 峻补:猛补,大补。

【译文】

儿子国藩跪着禀告

父母亲大人万福金安。三月初,奉大人正月十二日手谕,知道一切。又知道附来布疋、腊肉等,放在黄弗卿处,但不知道黄氏兄弟,何时进京?又不知道家里是专人送到省城的,还是托人顺带?

儿子在京城身体如常,儿媳妇也很精神。九弟身体已复元,前二月间,因他是初愈,每天只叫他写字养神。三月以来,仍然做原来的事业,依然作去年功课。没有吃补药,儿子分了丸药六两给他吃,因年纪轻,不敢大补。孙儿孙女都好,准备在三月间点牛痘。这里的牛痘局,是广东京官请有名的医生设局积德的,不收钱,万无一失。

儿子近来每天习字,不多看书,同年邀为试帖诗课,十天内作诗五首,用白折写好公评,以为明年考差之具。又吴子序同年,有两个弟弟在儿子处附课看文。

又金台书院每月月课,儿子也代人作文,因为制艺荒废久了,不得不略为温习。

眼下手头很窘迫,幸亏每月可收公项房钱十五千外,再挪借一点点,就可以度过,京城银钱,此外间究竟活动些。家中去年彻底澄清,余债不多,这真可喜。

蕙妹仅仅存钱四百千,又拿二百在新窑租房吃饭,不知住的何人的屋?担柴挑水,又靠何人?率五身体又文弱,哪能习惯劳动?以后有家信,希望把她的家事,琐琐细细,详细写上,其余的容以后再呈禀,儿子谨禀告。

(道光二十二年三月十一日)

3.

禀父母·劝两弟学业宜精

【原文】

男国藩跪禀

父母亲大人万福金安。六月廿八日,接到家书,系三月廿四日所发,知十九日四弟得生子,男等合室相庆,四妹生产虽难,然血晕亦是常事;且此次既能保全,则下次较为容易。男未得信时,常以为虑,既得此信,如释重负。

六月底,我县有人来京捐官,言四月县考时,渠在城内,并在彭兴歧、丁信风两处,面晤四弟六弟,知案首是吴定五。男十三年前,在陈氏宗祠读书,定五才发蒙人起讲,在杨畏斋处受业。来年闻吴春岗说定五甚为发奋,今果得志,可谓成就甚速。其余前十名,及每场题目,渠已忘记,后有信来,乞四弟写出。

四弟六弟考运不好,不必挂怀;俗语云:"不怕进得迟,只要中得快。"从前邵丹畦前辈,四十二岁入学,五十二岁作学政。现任广西藩台汪朗,渠于道光十二年入学,十三年点状元。阮姜台前辈,于乾隆五十三年,县府试头场皆未取,即于是年入学中举,五十四年点翰林,五十五年留馆,五十六年大考第一,比放浙江学政,五十九年升浙之出抚。些小得失不足患,特患业之不精耳。两弟场中文若得意[1],可将原卷领出寄京,若不得意,不寄可也。

男辈在京平安,纪泽兄妹二人,体甚结实,皮色亦黑,逆夷在江苏滋扰,于六月十一日攻陷镇江,有大船数十只,在大江游弋;江宁杨州二府,颇可危虑。然而天不降灾,圣人在上,故京师人心镇定。同乡王翰城告假出京,男与陈岱云亦拟送家眷南旋,与郑莘田王翰城四家同队出京,男与陈家,本于六月底定计,后于七月初一请人扶乩,似可不必轻举妄动,是以中止。现在男与陈家，仍不送家眷回南也。

正月间，俞岱青先生出京，男寄有鹿脯一方，托找彭山屺转寄，后托谢吉人转寄，不知到否？又四月托李丙冈寄银寄笔，托曹西垣寄参并交陈季牧处，不知到否？前父亲教男养须之法，男仅留上唇须，不能用水浸透，色黄者多，黑者少，下唇拟待36岁始留。男屡接家信，嫌其不详，嗣后更愿详示，男谨禀。

（道光二十二年六月十日）

【注释】

[1] 得意：满意。此处指中文考试成绩若尽人意的意思。

【译文】

儿子国藩跪着禀告

父母亲大人万福金安。六月二十八日，接到家信，是三月二十四日所发，知道十九日四弟生了儿子，儿子等全家表示庆贺。四妹生产虽难，但血晕也是常事，并且这次能保无事，下次便容易些了。儿子没有收到来信时，常以忧虑，既然得到了这封信，如释重负。

六月底，我县有人来京城捐官，说四月县考时，他在城里，并且在彭兴歧、丁信风两处，见了四弟六弟，知道案首是吴定五。儿子13年前，在陈氏宗祠读书，定五才发蒙作起讲，在杨畏斋那里授业。来年听吴春岗说定五很发奋，今天果然得志，可说成就很快。其余前十名，及每场题目，他已忘记，以后来信，请四弟写出。

四弟六弟考运不好，不必放在心上。俗话说："不怕进得迟，只要中得快。"从前邵丹畦前辈，43岁入学，52岁做学政。现任广西藩台汪朗，他在道光十二年入学，十三年点状元。阮姜台前辈，在乾隆五十三年，县府试头场都没有录取，就在当年入学中举；五十四年点翰林，五十五年留馆，五十六年大考第一，放任浙江学政，五十九年升浙江巡抚。小小得失不足为患，只怕学业不精。两弟考场里如果文章得意，可把原卷领出来寄至京城。如果不满意，就不必寄了。

儿子等在京平安，纪泽兄妹二人，身体结实，肤色稍黑。洋人在江苏滋扰，于六月十一日攻陷镇江，有大船几十只，在大江游弋。江宁、扬州两府，很是危急。

然而，天不降灾，圣人在上，所以京城人心安定。同乡王翰城告假出京，儿子和陈岱云也准备送家眷回南方，与郑莘田、王翰城四家同队出京。儿子与陈家，本在六月底计划好了，后在七月初一请人扶乩，似可不必轻举妄动，因此中止了。现在儿子与陈家，仍然不送家眷回南方了。

正月间，俞岱青先生出京，儿子寄有鹿脯一块，托彭山屺转寄，后托谢吉人转寄，不知收到没有？四月时托李丙冈给家寄去银两和笔具，又托曹西垣寄去人参交至陈季牧那儿，不知收到没有？前父亲教儿子养须的方法，儿子只留上唇须，不能用水浸透，黄色的多，黑色的少。下唇须准备等36岁开始留。儿子多次接到家信，都嫌写得不详细，以后希望详细训示，儿子谨禀告。

（道光二十二年六月十日）

4.

致诸弟·述求学之方法

【原文】

四位老弟足下：

九弟行程，计此时可以到家。自任邱发信之后，至今未接到第二封信，不胜悬悬！不知道上有甚艰险否？四弟六弟院试，计此时应有信，而折差久不见来，实深悬望！

予身体较六弟在京时一样，总以耳鸣为苦。问之吴竹如云："只有静养一法，非药物所能为力。"而应酬日繁，予又素性浮躁，何能着实静养？疑搬进内城住，可省一半无谓之往还，现在尚未找得。予时时日悔，终未能洗涤自新。九弟归去之后，予定刚日读经，柔日读史之法，读经常懒散不沈著。读《后汉书》，现已丹笔点过八本，虽全不记忆，而较之去年读《前汉书》，领会较深。

吴竹如近日往来极密，来则作竟日谈，所言皆身心国家[1]大道理。渠言有窦兰泉者，云南人，见道极精当平实，窦亦深知予者，彼此现未拜往。竹如必要予搬进城住，盖城内镜海先生可以师事，倭艮峰先生窦兰泉可以友事，师友夹持，虽懦夫亦有立志。予思朱子言："为学譬如熬肉，先须用猛火煮，然后用慢火温。"予生平工夫，全未用猛火煮过，虽有见识，乃是从悟境得来，偶用工亦不过优游玩索[2]已耳，如未沸之汤，遽用慢火温之，将愈温愈不熟也。以是急思搬进城内，以是急思搬进城内，屏除一切，从事于克己之学。

镜海艮峰两先生，亦劝我急搬，而城外朋友，予亦有思常见都数人，如邵蕙西，吴子序，何子贞，陈岱云是也。蕙西常言与周公谨交，如饮醇醪[3]，我两个颇有此风味，故每见辄长谈不舍。子序之为人，予至今不能定其品，然识见最大且精，尝教我云："用功譬如掘井，与春多掘数井，而皆不及泉，何若老衬一井，力求及泉而用之不竭乎。"此语正与予病相合，盖予所谓掘井而皆不及泉者且。

何子贞与予讲字极相合，谓我真知大源，断不可暴弃。

予尝谓天下万事万理，皆出于乾坤二卦，即以作字论之，纯以神行，大气彭荡，脉络周通，潜心内传，此乾道也。结构精巧，向背有法，修短合度，此坤道也。凡乾以神气言，凡坤以形质言，礼乐不可斯须[4]去身，即此道也。乐本于乾，礼本于坤，作字而优游自得，真力弥漫者，即乐之意也。丝丝入扣，转折合法者，即礼之意也。偶与子贞言及此，子贞深以为然，谓渠生平得力，尽于此矣。

陈岱云与吾处处痛痒相关，此九弟所知者也。写至此，接得家书，知四弟六弟未得入学，怅怅！然科名有无迟早，总由前定，丝毫不能勉强。吾辈读书，只有两事：一者进德之事，讲求乎诚正修齐[5]之道，以图无忝[6]所生；一者修业之事，操习乎记诵辞章之术，以图自卫其身。

进德之身，难于尽言，至于修业以卫身，吾请言之。卫身莫大如谋食，农工商劳力以求食者也，士劳心以求食者也。故或食禄于朝，教授于乡，或为传食之客，或为入幕之宾[7]，皆须计其所业，足以得食而无愧。科名[8]，食禄之阶也，亦须计吾所业，将来不至尸位素餐[9]，而后得科名而无愧，食之得不得，究通由天作主，予夺由人做主，业之精不精，由我作主。

然吾未见业果精而终不得食者也，农果力耕，虽有饥馑，必有丰年；商果积货，虽有雍滞，必有通时；士果能精其业，安见其终不得科名哉？即终不得科名，又岂无他途可以求食者哉？然则特患业之不精耳。求业之精，别无他法，曰专而已矣。谚曰："艺多不养身，谓不专也。"吾掘井多而无泉可饮，不专之咎也！

诸弟总须力图专业，如九弟志在习字，亦不尽废他业；但每日习字工夫，不可不提起精神，随时随事，皆可触悟。四弟六弟，吾不知其心有专嗜否[10]？若志在穷经，则须专守一经，志在作制义[11]，则须专看一家文稿，志在作古文，则须专看一家文集。作各体诗亦然，作试帖亦然，万不可以兼营并骛[12]，兼营则必一无所能矣。切嘱切嘱！千万千万！

此后写信来，诸弟备有专守之业，务须写明，且须详问极言，长篇累牍，使我读其手书，即可知其志向识见。凡专一业之人，必有心得，亦必有疑义。诸弟有心得，可以告我共赏之，有疑义，可以告我共析之，且书信既详，则四千里外之兄弟，不啻[13]晤言一室，乐何如乎？

予生平伦常中，唯兄弟一伦，抱愧尤深！盖父亲以其所知者，尽以教我，而吾不能以吾所知者，尽教诸弟，是不孝之大者也！九弟在京年余，进益无多，每一念及，无地自容。嗣后我写诸弟信，总用此格纸，弟宜存留，每年装订成册，其中好处，万不可忽略看过。诸弟写信寄我，亦须用一色格纸，以便装订。兄国藩手具。

（道光二十二年九月十八日）

【注释】

[1] 身心国家：修身、养性，齐家、治国，即有关个人和国家之事。

[2] 玩索：玩味索求。

[3] 醇醪：醇香可口的酒酿。

[4] 斯须：些许时间。

[5] 诚正修齐：诚意、正心、修身、齐家。

[6] 无忝：无辱。

[7] 传食之客：即名士官宦所养之食客。入幕之宾，指居高官显爵之位者的幕僚宾客。

[8] 科名：通过科举考试而获取功名。

[9] 尸位素餐：徒居其位，不谋其事。

[10] 专嗜：专门的嗜好。

[11] 穷经：研习所有儒家经典著作；制义，为应付科举考试而作的八股文章。

[12] 并骛：同时兼顾，此处有贬义。

[13] 不啻：不止，不但，不异于。

【译文】

四位老弟足下：

九弟的行程，预计现在可以到家。自从在任邱发信之后，至今没有接到第二封信，不胜悬念之至！不知道路上有什么艰难险阻吗？四弟六弟院试，预计现在应该有结果了，而邮差许久也不见来，实在叫人悬望！

我身体和六弟在京时一样，总以耳鸣为苦。问了吴竹如，他说："只有静养，不是药物所能治愈的。"而应酬一天天繁多，我又从来性子浮躁，哪里能实实在在静养？准备搬到内城住，可以省一半路程往返，现在房子还没有找到。我时刻悔恨，终没有能够洗涤自新。九弟回去以后，我决定双日读经，单日读史。读经常常是懒散不沉着，读《后汉书》已用朱笔点过八本，虽说都不记得，而比去年读《前汉书》领会要深刻些。

吴竹如近日（与我）往来很密，来了便要进行整天的谈话，说的都是关于身心健康之类的事和国家大事。他说有个窦兰泉，云南人，悟道非常精当平实。窦对我也很了解，彼此之间还没有拜访过。竹如一定要我搬进城里住，因为城里的镜海先生可以师事，倭艮峰先生和窦兰泉先生可以友事，师友夹持，就是一个懦夫也要立志。我想朱子说过："做学问好比熬肉，先要用猛火煮，然后用慢火温。"我生平的工夫，全没用猛火煮过。虽然有些见识，是从悟境得到，偶尔用功也不过优游玩索罢了。好比没有煮沸的汤，马上用慢火温，越温越不熟。因此，急于想搬进城里去，排除一切杂念，从事于"克己复礼"的学问。

镜海、艮峰两先生，也劝我快搬。城外的朋友，也有想常常见面的几个人，如邵惠西、吴子序、何子贞、陈岱云。惠西常说与周公谨交，如喝醇酒，我们两人有这种风味，所以每次见面就长谈舍不得分手。子序的为人，我至今不能定他的品位，但他的见识却是博大精深。他常教我说："用功好比挖井，与其挖好几井而看不见泉水，不如老挖一口井，挖到了泉水，那就取之不尽、用之不竭了。"这几句话正切合我的毛病，因为我就是一个挖井而不见泉水的人。

何子贞与我讨论书法非常相合，说我真的懂得书法的诀窍，决不可自暴自弃。

我常常说天下万事万理，都同于乾坤二字。就以书法来说，纯粹用神韵去写，周身大气彭荡，脉络周通，潜心内转，这就是乾的道理。结构精巧，向背有法，修短合度，这就是坤的道理。乾，从神韵而言；坤，从形体而论。礼乐不可一刻离身，也是这道理。乐，本于乾；礼，本于坤。写字而优游自得，真力弥漫，就是乐的意味了。丝丝入扣，转折合法，就是礼的意味了。偶尔与子贞谈到这些，子贞觉得很对，说他生平得力，全在这些了。

陈岱云与我处处痛痒相关，这是九弟知道的。写到这里，接到家信，知道四弟六弟没有入学，很遗憾！但是科名的有和没有，早或迟，总是生前注定的，一点不能勉强。我们读书，只有两件事：一是进德，讲求诚正修齐的道理，以做到不负一生；一是修业，操习记诵辞章的技巧，以做到自立自卫。

进德的事，难以尽言。至于修业以卫身，我来说一说。卫身没有比谋生更大的事了。农、工劳力，是谋生；士人劳心，也是谋生。所以说，或者在朝廷当官拿俸禄，或者在家乡教书以糊口，或者做传达的事，当食客，或者参加人家的府幕做宾客，都是用自己所修的业，达到谋生，无愧于心的满足。科名，是当官拿俸禄的阶梯，也要衡量自己学业如何，将来不至于尸位素餐，得了科名心里不感惭愧。谋生谋得谋不得，困厄与显达，由天作主；赐予与剥夺，由人做主；业精不精，由自己做主。

然而我没有见过业精而终于谋不到生的。农夫如果努力耕种，虽然会有饥荒，但一定有丰岁。商人如果积藏了货物，虽然会有积压，但一定会有畅销的时候。读书人如果能精学业，那怎见得他不会有科名呢？就是终于得不到科名，又怎见得不会有其他谋生的途径呢？因此说，只怕业不精了。要求业精，没有别的办法，要专一罢了。谚语说："技艺多了不能够养身，说他不专一。"我挖井多而没有泉水可饮，是不专的过错。

各位弟弟要力求专业，如九弟志在书法，也不废弃其他，但每天写字的工夫，不可不提起精神，随时随便什么事，都可以触动灵感。四弟六弟，我不知道他们心里有专门的爱好没有？如果志向在穷经，那么应该专门研究一种经典。如果志向在制义，那么应该专门研究一家的文稿。如果志向在作古文，那么应该专门看一家的文集。作各种体裁的诗也一样，作试帖也一样，万万不可以兼营并鹜。样样去学一定一无所长。切嘱切嘱！千万千万！

以后写信来，各位弟弟专攻的学业，务必写明，并且要详细提出问题，详述自己的心得，长篇累牍地写来，使我读了之后，就可以知道你们的志趣和见识。专一门的人，一定会有心得，也一定有疑问。弟弟们有心得，告诉我可以一起欣赏；有疑问，告诉我可以一起来分析，并且写得详细，那么四千里外的兄弟，好像在一间房里见面，那是何等快乐的事啊！

我生平对于伦常之中，只有兄弟这一伦，愧疚太深。因为父亲以他所知道的，尽力教我，而我不能以我所知道的，尽教弟弟们，是大不孝！九弟在京城一年多，进步不大，每一想起，真是无地自容。以后我给弟弟写信，总用这种格子纸，弟弟们要留着，每年订成一册，其中的好处，万不可以随便看过。弟弟们写信寄我，也要用一色格子纸，以便装订。兄国藩手具。

（道光二十二年九月十八日）

5.

致诸弟·读书宜立志有恒

【原文】

诸位贤弟足下:

十一前月八日,已将日课抄与弟阅,嗣后每次家书,可抄三页付回。日课本皆楷书,一笔不苟,惜抄回不能作楷书耳。

冯树堂时攻最猛,余亦教之如弟,知无不言。可惜弟不能在京与树堂日日切磋,余无日无刻不太息也!九弟在京年半,余懒散不努力;九弟去后,余乃稍能立志,盖余实负九弟矣!

余尝语岱云曰:"余欲尽孝道,更无他事;我能教诸弟进德业一分,则我之孝有一分,能教诸弟进十分,则我之孝有十分。若全不能教弟成名,则我大不孝矣!"九弟之无所进,是我之大不孝也!唯愿诸弟发奋立志,念念有恒,以补我不孝不罪,幸甚幸甚!

岱云与易五近亦有日课册,惜其识不甚超越,余虽日日与之谈论,渠究不能悉心领会,颇疑我言太夸。然岱云近极勤奋,将来必有所成。何子敬近侍我甚好,常彼此作诗唱和,盖因其兄钦佩我诗,且谈字最相合,故子敬亦改容加礼。

子贞现临隶字,每日临七八页,今年已千页矣,近又考订《汉书》之伪,每日手不释卷。盖子贞之学,长于五事:一曰《仪礼》精,二曰《汉书》熟,三曰《说文》精,四曰各体诗好,五曰字好,此五事者,渠意皆欲有所传于后。以余观之,此三者,余不甚精,不知浅深究竟如何,若字则必传千古无疑矣。诗亦远出时手之上,必能卓然成家。近日京城诗家颇少,故余亦欲多做几首。

金竺虔在小珊家住,颇有面善心非之隙,唐诗甫亦与小珊有隙,余现仍与小珊来往,泯然无嫌[1],但心中不甚惬洽[2]耳。黄子寿处本日去看他,工夫甚长进,古文有才华,好买书,东翻西阅,涉猎颇多,心中已有许多古董。

何世兄亦甚好，沉潜之至，天分亦高，将来必有所成。吴竹如近日未出城，余亦未去，盖每见则耽搁一天也，其世兄亦极沉潜，言动中礼，现在亦学倭艮峰先生。吾观何吴两世兄之姿质，与诸弟相等，远不及周受珊、黄子寿，而将来成就，何吴必更切实。此其故，诸弟能直书自知之，愿诸弟勉之而已，此数子者，皆后起不凡之人才也，安得诸弟与之联镳并驾，则余之大幸也！

季仙九先生到京服阕[3]，待我甚好，有青眼相看之意，同年会课，近皆懒散，而十日一会如故。余今年过年，尚须借银百十金，以五十还杜家，以百金用。李石梧到京，交出长郡馆公费，即在公项借用，免出外开口更好，不然，则尚须张罗也。

门上陈升，一言不合而去，故余作傲奴诗，现换一周升作门上，颇好。余读《易》旅卦丧其童仆，像曰："以旅与下，其义丧也。"解之者曰："以旅与下者，谓视童仆如旅人，刻薄寡恩，漠然无情，则童仆将视主如逆旅矣。"余待下虽不刻薄，而颇有视如逆旅之意，故人不尽忠，以后余当视之如家人手足也。分虽严明，而情贵周通，贤弟待人，亦宜知之。

余每闻折差到，辄望家信，不知能设法多寄几次否。若寄信，则诸弟必须详写日记数天，幸甚！余写信亦不必代诸弟多立课程，盖恐多看则生厌，故但将余近日实在光景写示而已，伏维诸弟细察。

（道光二十二年十一月十六日）

【注释】

[1] 泯然无嫌：指表面上没有嫌隙。

[2] 不甚惬洽：指不太乐意和融洽。惬：惬意。

[3] 阕：止，止息，此处指期满。

【译文】

诸位贤弟足下：

十一前月八日，已把日课抄给你们看，以后每次写信，可抄三页寄回。我的日课都用楷体，一笔不苟，可惜寄回的抄本就不用楷体了。

冯树堂进步最快，我和他像教弟弟一样，知无不言。可惜九弟不能在这里，与树堂天天切磋学问，我无日无刻不叹息。九弟在京城一年半，我懒散不努力；九弟去后，我才稍微能够立志，因我实在有负于九弟了！

我常对岱云说："我想尽孝道，除此没有别的事更重要。我能够教育弟弟们进德修业一分，那我真是尽孝一分；能够教育弟弟们进步十分，那我真是尽孝十分。如果完全不能教弟弟们成名，那我是大大的不孝了。"九弟之所以没有长进，是我的大不孝！只望弟弟们发奋立志，念念有恒，以弥补我的不孝之罪，那就很有幸了！

岱云与易五，近来也有日课册，可惜他们的见识不够超越，我虽天天和他们谈论，他们却不能一一领悟，还怀疑我说的太夸张了。但岱云近来很勤奋，将来一定有成就。何子敬近来对我很好，常常彼此作诗相唱和。这是因为他兄长钦佩我的诗，并谈论书法最相合，所以子敬也改变态度，优礼有加。

子贞现在临的是隶书，每天临七八页，今年已临了千页了。近来又考订《汉书》之伪，每天手不释卷。子贞的学问，有五个方面见长：一是《仪礼》精通，二是《汉书》熟悉，三是《说文》精湛，四是各种体裁的诗都写得好，五是书法好。这五个方面的长处，他的想法是都要能传于后世。以我看来，前面三个方面，我不精，不知深浅如何。如果说到书法，那是必定可传千古无疑了。他的诗，也远远超过了时尚诗人，一定可以卓然成家。近来京城诗家很少，所以我也想多做几首。

金竺虔在小珊家住，两人有嫌隙，面和心不和。唐诗甫也和小珊有嫌隙。我现在仍旧与小珊往来，表面上没有嫌隙，但心里不太乐意，不太融洽。今天去黄子寿处看他，工夫很长进，古文有才华，喜欢买书，东翻翻，西看看，涉猎很广，心里的古董货收藏不少。

何世兄也很好，沉着潜静得很，天分也高，将来一定有成就。吴竹如近日没有出城，我也没有去，因为见一次面便耽搁一天时光。他的世兄也很沉着潜静，言行合乎礼节，现在也师事倭艮峰先生。我看何、吴两世兄的天资、禀赋，和弟弟们不相上下，但远不及周受珊、黄子寿，而将来成就，何、吴一定更切实些。因为这个缘故，弟弟自然知道我的意思，希望弟弟们勉励。这几位，都是后起不平凡的人才。如果弟弟们能够与他们并驾齐驱，那是我大感幸运的。

委仙九先生到京，丧服满期，对我很好，他对我很尊重，同年会课，近来都懒散了，但10天见一次面还维持下来了。我今年过年，还要借150两银子，以50两还杜家，以100两自己用。李石梧到京，交出长郡馆公费，就在这公费中借用，免得向外面开口更好些，不然的话，又要张罗一番。

门上陈升，因为一言不合，拂袖而去。所以我做了一道《傲奴诗》。现在换了周升作门上，比较好。我读《易》旅卦丧其童仆，像曰："以旅与下，其义丧也。"解释的人说："以旅与下是说看童仆好比路人，刻薄寡恩，漠然无情，那么童仆也把主人看做路人了。"我对待下人虽说不刻薄，也看得如路人，所以他就不尽忠报效，今后我要把下人当做自己家里人一样亲如手足，办事虽要求严格明白，而感情上还是以沟通为贵。贤弟对待别人，也要知道这个道理。

我每听到邮差到，便希望有家信，不知能不能设法多寄几封？如果寄信，那弟弟们必须详细写日记几天，幸甚！我写信也不必代你们多立课程，恐怕多了会产生厌烦心理，所以只写近日实在情形罢了。望弟弟们细看。

（道光二十二年十一月十六日）

6.

致诸弟·勉励自立课程

【原文】

诸位贤弟足下：

九弟到家，偏走各亲戚家，必各有一番景况，何不详以音我？

四妹小产，以后生育颇难，然此事最大，断不可以人力勉强，劝渠家只需听其自然，不可过于矜持。又闻四妹起最晏[1]，往往其姑[2]反服侍他。此反常之事，最足折福，天下未有不地之妇而可得好处者，诸弟必须时劝导之，晓之以大义。

诸弟在家读书，不审每日如何用功？余自十月初一日立志自新以来，虽懒惰如故，而每日楷书写日记，每日读史十页，每日记茶余偶谈一则，此三事，未尝一日间断。十月廿一日誓永戒吃水烟，洎[3]今已两月不吃烟，已习惯成自然矣。予自立课程甚多，唯记茶余偶谈，读史十页，写日记楷本此三事者，誓终身不间断也。诸弟每日自立课程，必须有日日不断之功，虽行船走路，须带在身边，予除此三事外，他课程不必能有成，而此三事者，将终身行之。

前立志做《曾氏家训》一部，曾与九弟详细道及，后因采择经史，若非经史烂熟胸中，则割裂零碎，毫无线索，至于采择诸子各家之言，尤为浩繁，虽抄数百卷，犹不能尽收，然后知古人作《大学衍义》《衍义补》诸书，乃胸中自有条例，自有议论，而随便引书以证明之，非翻书而偏抄之也。然后知著书之难，故暂且不作《曾氏家训》。若将来胸中道理愈多，议论愈贯串、仍当为之。

现在朋友愈多。讲躬行心得者，则有镜海先生、艮峰前辈、吴竹如、窦兰泉、冯树堂。穷经知道者，则有吴子序、邵慧西。讲诗文字而艺通于道者，则有何子贞。才气奔放，则有汤海秋。英气逼人，志大神静，则有黄子寿。又有王少鹤，名锡振，广西乙未翰要。吴莘畲名尚志，广东人，吴抚台之世兄。庞作人名文寿，浙江人。此四君者，首闻于名而先来拜，虽所造有浅深。要皆有志之上，不甘居于庸碌者也。

京师为人定渊薮[4]，不求则尤之，愈求则愈出。近来闻好友甚多，予不欲先去看别人，恐徒标榜虚声，盖求友以匡己之不逮，此大益也。标榜以盗虚名，是大损也。天下有益之事，即有足损者寓乎其中，不可不辨。

黄子寿近作《选将论》一篇，共六千余字，真奇才也！黄子寿戊戌年始作破题，而六年之中，遂成大学问。此天分独绝，万不可学而至，诸弟不必反而惊之。予不愿诸弟学他，但愿诸弟学吴世兄、何世兄。吴竹如之世兄，现亦学艮峰先生写日记，言有矩，动有法，其静气实实可爱。

何子贞之世兄，每日自朝至夕，总是温书，三百六十日，除作诗文时，无一刻不温书，真可谓有恒者矣。故予从前限功课教诸弟，近来写信寄弟，从不另开课程，但教诸弟有恒而已。盖士人读书，第一要有志，第二要有识，第三要有恒。有志则断不敢为下流；有识则知学问无尽，不敢以一得自足，如河伯之观海，如井蛙之窥天，皆无识也；有恒则断无不成之事。此三者，缺一不可。诸弟此时唯有识不可以骤几[5]，至于有志不恒，则诸弟勉之而已。予身体甚弱，不能苦思，苦思则头晕，不耐久坐，久坐则倦乏，时时属望，唯诸弟而已。

明年正月，恭逢祖父大人七十大寿，京城以进十为正庆。予本拟在戏园设寿筵，窦兰泉及艮峰先生劝止之，故不复张筵。盖京城张筵唱戏，名曰庆寿，实而打把戏。兰泉之劝止，正以此故。现作寿屏两架。一架淳化笺四大幅，系何子贞撰文并书，字有茶碗口大。一架冷金笺八小幅，系吴子序撰文，予自书。淳化笺系内府用纸，纸厚如钱，光彩耀目，寻常琉璃厂无有也。昨日偶有之，因买四张。子贞字甚古，雅惜太大，万不能寄回，奈何奈何？书不能尽言，唯诸弟鉴察，国藩手草。

（道光二十二年十二月二十日）

附课程表

一、主敬：整齐严肃、无时不俱，无事时心在腔子里，应事时专一不杂。

二、静坐：每日不拘何时，静坐一会，体验静极生阳来复之仁心，正位凝命，如鼎之镇[6]。

三、早起：黎明即起，醒后勿沾恋。

四、读书不二：一书未点完，断不看他书，东翻西阅，都是徇外[7]为人。

五、读史：廿三史每日读十页，虽有事，不间断。

六、写日记：须端楷，凡日间过恶，身过，心过，口过，皆己出，终身不间断。

七、日知其所亡[8]：每日记茶余偶谈一则，分德行门，学问门，经济门，艺术门。

八、月无忘所能：每月作诗文数首，以验积理之多寡，气之盛否。

九、谨言：刻刻留心。

十、养气：无不可对人言之事，气藏丹田。

十一、保身：谨遵大人手谕，节欲，节劳，节饮食。

十二、作字：早饭后作字，凡笔墨应酬，当作自己功课。

十三、夜不出门：旷功疲神，切戒切戒！

【注释】

[1] 晏：迟，晚。

[2] 姑：此处指婆母。

[3] 洎：到、至。

[4] 渊薮：人或事物聚集的地方。

[5] 骤几：突然接近。

[6] 此句意为宁心静气，内心踏实安稳，如鼎镇住一般。

[7] 徇外：顺从于身外的客观环境。

[8] 亡：无。

【译文】

诸位贤弟足下：

九弟到家，遍走各亲戚家，一定有一番盛况，为何不详细告诉我？

四妹小产，以后生育很难，然而这件事最大，决不可以人力去勉强，要劝他们家只要听其自然，不可过于固执。又听说四妹起床最迟，往往是他的姑婆服侍她，这是反常的事情，最容易折去福泽。天下没有不孝的妇女而可以得好处的。弟弟们要时时劝导她，晓之以大义。

弟弟们在家读书，不知道每天是如何用功的？我自十月初一日立志自新以来，虽懒惰仍如往日，但每天用楷书写日记，读史书10页，记茶余偶谈一则，这三件事，没有间断过一回。十月二十一日，发誓永远戒掉吃水烟，至今已经两个月不吃，习惯成自然了。我自己设的课程很多，只是记茶余偶谈，读史10页，写日记楷本，这三件事，发誓终身不间断。弟弟们每天自己设立课程，必须天天不间断，就是行船走路，也要带在身边。我除这三件事以外，其他课程不一定求其有成，而这三件，将终身实行。

以前我说过立志作《曾氏家训》一部，曾经与九弟详细说到过，后来因为采择经史，如果不是经史烂熟胸中，那么会割裂零碎，毫无线索。至于采择诸子各家的言论，工作尤其浩繁，虽然抄几百卷，还是不完全。然后才知道古人作《大学衍义》《衍义补》这些书，胸中自有条例，自有议论，而随意引证，不是翻书遍抄。然后才知道著书之难。所以暂时不作《曾氏家训》。如果将来胸中道理多了，议论贯通了，仍旧可以去作。

现在朋友越来越多。讲求躬行心得的，有镜海先生、艮峰前辈、吴竹如、窦兰泉、冯树堂。穷经悟道的，有吴子序、邵蕙西。讲诗、文、字而艺通于道的，有何子贞。才气奔放的，有汤海秋。英气逼人，志大神静的，有黄子寿。又有王少鹤，名锡振，主事，年26岁广西乙未翰林。吴莘畬，名尚志，广东人，吴抚台的世兄。庞作人，名文寿，浙江人。这四位，先闻我的名来拜访。虽说他们的学问有深浅，却都是有志之士，是不甘居于庸碌辈的人物。

京城是人文荟萃之地，不去探求便没有，越去探求就越多。近来听说好朋友很多，我不想先去拜访别人，恐怕徒然标榜虚名。求友用以匡正自己的不到，是大有益处的。标榜以盗虚名，是会受大损失的。天下有获益的事，便有不益的事包含其中，不可不加辨别。

黄子寿近作《选将论》一篇，共6000多字，真是奇才。黄子寿戊戌年开始作破题，而六年之中，便成就了大学问，这是天分，独一无二，万万不是学得到的，弟弟们不必震惊。我不愿弟弟们学他，但愿弟弟们学吴世兄、何世兄。吴竹如世兄，现在也学艮峰先生记日记，言有规矩，行有法则，他的静气工夫实在可爱。

何子贞世兄，每天从早到晚，总是温书。360天，除了做诗文外，无一刻不是温书，真是有恒心的人。所以我从前限你们的功课，近来写信从不另开课程，都是要你们有恒心罢了。因为士人读书，第一要有志气，第二要有见识，第三要有恒心。有志气就决不甘居下游；有见识就明白学无止境，不敢以一得自满自足，如河伯观海、井蛙窥天，都是无知；有恒心就绝没有不成功的事。这三个方面，缺一不可。弟弟们现在只有见识，不是马上可以广博的。至于有志有恒，弟弟勉励吧！我身体很弱，不能苦想，苦想便头昏；不能久坐，久坐便倦乏。时刻所盼望的，只有几位弟弟罢了。

明年正月，恭逢祖父大人七十大寿。京城以进十为正庆。我本准备在戏园设寿筵，窦兰泉和艮峰先生劝阻我，所以不准备办。因京城张筵唱戏，名叫庆寿，实际上是打把戏。兰泉之所以劝阻我，就是这个缘故。现在做了寿屏两架。一架是淳化笺四大幅，是何子贞撰文并书写，字有茶碗口大；一架冷金笺，是吴子序撰文，我自己书写。淳化笺是内府用纸，纸厚如钱币，光彩夺目，平常琉璃厂没有，昨天偶尔有了，因此买了四张。子贞的字很古雅，可惜太大，万不能寄回，奈何？书不尽言，请弟弟鉴察，国藩手草。

（道光二十二年十二月二十日）

致诸弟·讲读经史方法

【原文】

诸位老弟足下：

　　正月十五日接到四弟、六弟、九弟十二月初五日所发家信，四弟之信三页，语语平实，责我待人不恕，甚为切当。常谓月月书信，徒以空言责弟辈，却又不能实有好消息，令堂站闻之言，疑弟辈粗俗庸碌，使弟辈无地可容云云，此数语，兄读之不觉汗下。我去年曾与九弟闲谈云："为人子者，若使父母见得我好些，谓诸兄弟俱不及我，这便是不孝；若使族党称道我好些，谓诸兄弟俱不如我，这便是不悌[1]，何也？盖使父母心中有贤愚之分，使族党[2]口中有贤愚之分，则必其平日有讨好之意思，暗用机计，使自己得好名声，而使兄弟得坏名声，必其后日之嫌隙，由此而生也。刘大爷、刘三爷，兄弟皆想做好人，卒至视如仇雠[3]，因刘三爷得好名声于父母族党之间，而刘三爷得坏名声故也。"今四弟之所责我者，正是此道理，我所以读之汗下。但愿兄弟五人，个个明白这道理，彼此互相原谅。兄弟得坏名为忧，弟兄以得好名为快。兄不能尽道，使弟得令名，是兄之罪；弟不能尽道，使兄得令名，是弟之罪。若各各如此存心，则亿万年无纤芥[4]之嫌矣。

　　衡阳风俗，只有冬学要紧，自五月以后，师弟皆奉行故事而已。同学之人，类皆庸鄙无志者，又最好讪笑人，其笑法不一，总之不离乎轻薄而已。四弟若到衡阳去，必以翰林[5]之弟相笑，薄俗可恶。乡间无朋友，实是第一恨事，不唯无益，且大有损，习俗染人，所谓与鲍鱼处，亦与之俱化也。兄常与九弟道及，谓衡阳不可以读书，涟滨不可以读书，为损友太多故也。

　　今四弟意必从觉庵师游，则千万听兄嘱咐，但取明师之益，无受损友之损也。

　　接到此信，立即率厚二到觉庵师处受业。其束修今年谨具钱十挂，兄于八月准付回，不至累及家中，非不欲人丰，实不能耳。兄所最虑者，同学之人，无志嬉游，端节以后，放散不事事，恐弟与厚二效尤耳，切戒切戒！凡从师必久而后可以获益。四弟与季弟，今年从觉庵师，若地方相安，则明年仍可以游，若一年换一处，是即无恒者见异思迁也，欲求长进难矣。

六弟之信，乃一篇绝妙古文，排百[6]似昌黎，拗很[7]似半山[8]，予论古文，总需有倔强不驯之气，愈拗愈深之意，故于太史公外，独取昌黎半山两家。论诗亦取傲兀不群[9]者，论字亦然，每蓄此意而不轻谈。近得何子贞，意见极相合，偶谈一二句，两人相视而笑。不知六弟乃生成有此一支妙笔，往时见弟文亦无大奇特者，今观此信，然后知吾弟真不橱才也，欢喜无极！欢喜无极！凡兄所有志而力不能为者，吾弟皆为之可矣。

信中言兄与诸君子讲学，恐其渐成朋党[10]，所见甚是。然弟尽可放心，兄最怕标榜，常存黯然尚沿[11]之意，断不致有所谓门户自表者也。信中言四弟浮躁不虚心，亦切中四弟之病，四弟当视为良友药石之言。信中又言弟之牢骚，非不人之热衷，乃志士之惜阴，读至此，不胜悯然！恨不得生两翅忽飞到家，将老弟劝慰一番，纵谈数日乃快。然向使诸弟已入学，则谣言必谓学院傲惰，众口铄金[12]，何从辨起？所谓塞翁失马，安知非福？科名迟早，实有前定，虽惜阴念切，正不必以虚名萦怀耳。

来信言《礼记疏》一本半，浩浩茫茫，苦无所得，今已尽弃，不敢复阅，现读《朱子纲目》，日十余页云云，说到此处，不胜悔恨！恨早岁不曾用功，如今虽欲教弟，譬盲者而欲导入之大途也，求其不误难矣。然兄最好苦思，又得诸益友相质证，于读书之道，有必不可易者数端，穷经必专一经，不可泛骛。读经以研寻义理为本，考据名物为末，读经有一耐字诀，一句不通，不看下句；今日不通，明日再读；今年不通，明年再读。此所谓耐也。读史之法，莫妙于设身处地，每看一处，如我便与当时之人，酬酢笑语于其间。不必人人皆能记也。但记一人，则恍如接其人，不必事事皆能记也。但记一事，则恍如亲其事，经以穷理，史以考事。舍此二者，更别无学矣。

盖自西汉以至于今，识字之儒，约有三途：曰义理之学，曰考据之学，曰词章之学[13]。各执一途，互相诋毁。兄之私意，以为义理之学最大，义理明则躬行有要，而经济有本。词章之学，亦民以发挥义理者也。考据之学，吾无取焉矣。此三途者，皆从事经史，各有门径。吾以为欲读经史，但当研究义理，则心一而不纷。是故经则专一经，史则专主义理，此皆守约之道，确乎不可易者也。

若夫经史而外，诸子百家，汗牛充栋，或欲阅之，但当读一人之专集，不当东翻西阅。如读《昌黎集》，则目之所见，耳之所闻，无非昌黎，以为天地间除《昌黎集》而外，更无别书也。此一集未读完，断断不换他集，亦专字诀也。六弟谨记之，读经读史读专集，讲义理之学，此有志者万不可易者也。圣人复起，必从吾言矣。然此亦仅为有大志者言之，若夫为科名之学，则要读四书文，读诗律赋，头绪甚多。四弟、九弟、厚二弟天资较低，必须为名之学，六弟既有大志，虽不科名可也。但当守一耐字诀耳。观来信言读《礼记疏》，似不能耐者，勉之勉之！

兄少时天分不甚低，厥后[14]日与庸鄙者处，全无所闻，窍被茅塞[15]久矣。及乙未到京后，始有志学诗古文，并作字之法，亦苦无良友。

近年导一二良友，知有所谓经学者、经济者，有所谓躬行实践者，始知范韩[16]可学而至也，马迁韩愈亦可学而至也，程朱亦可学而至也。概然思尽涤前日之污，以为更生之人，以为父母之肖子，以为诸弟之先导。无如体气本弱，耳鸣不止，稍稍用心，便觉劳顿。每日思念，天既限我以不能昔思，是天不欲成我之学问也，故近日以来，意颇疏散。

来信又言四弟与季弟从游觉庵师，六弟、九弟仍来京中，或肄业城南云云。兄欲得老弟共住京中也，其情如孤雁之求曹也。自九弟辛丑秋思归，兄百计挽留，九弟当言之，及至去秋决计南归，兄实无可如何，只得听其自便。若九弟今年复来，则一岁之内，忽去忽来，不特堂上诸大人不肯，即旁观亦且笑我兄弟轻举妄动。且两弟同来，途费须得八十金，此时实难措办，六弟言能自为计，亦未历甘苦之言耳。若我今年能得一差，则两弟今冬与朱啸山同来甚好。如六弟不以为然，则再写信来商议可也。

九弟之人，写有事详细，惜话说太短，兄则每每太长，以后截长补短为妙！尧阶若有大事，诸弟随去一人，帮他几天。牧云接我长信，何以全无回信？毋乃嫌我话太直乎？扶乩之事，全不足信。九弟总须立志读书，不必想及此等事。季弟一切，皆须听诸冕话。此次邮差走甚急，不暇抄日记本，余容后告。

（道光二十三年正月十六日）

【注释】

[1] 悌：是儒家有关兄弟伦常的道德范畴。

[2] 族党：家族、乡党。

[3] 仇雠：雠，同仇字，这里指互相看作仇人。

[4] 纤芥：细微。

[5] 翰林：清代设翰林院，以及第进士充之，其官员称翰林。

[6] 排百：刚健。

[7] 拗很：深拗。

[8] 半山：宋代政治家王安石。

[9] 傲兀不群：高傲而不流于俗。

[10] 朋党：小集团，互相勾结。

[11] 黮然尚沿：沿，罩在外面的单衣服，也指禅衣，这里指糊涂地崇尚禅法。

[12] 铄金：熔化金子，此处指众口纷纭，莫衷一是。

[13] 义理之学，即宋明理学，是讲求儒学经义，探究名理的学问。考据：考注据实古书古义的确凿出处与含义。词章：这是研究辞赋的学问。

[14] 厥后，自那以后。

[15] 窍被茅塞：不开窍，被蒙蔽。

[16] 范韩：即范仲淹、韩琦宋代政治家和文学家。

【译文】

诸位老弟足下：

正月十五日接到四弟、六弟、九弟十二月初五日所发的家信，四弟的信三页，句句话平实，责备我对人不讲宽恕，非常对。说每月写信，总是用空洞的言语责备弟弟，却又不能有实在的好消息，让堂上大人听到兄长的话，怀疑弟弟们的粗俗庸碌，使弟弟们无地自容。这几句话，为兄的看了之后汗颜。我去年曾经和九弟闲谈，说过："为人子的，如果使父母看见我好些，其他兄弟都不及我，这便是不孝；如果使族党称赞我好，其他兄弟都不如我，这便是不悌。为什么？因为对父母有讨好的念头，在暗中用计策，使自己得到好名声，而使其他兄弟得坏名声，那以后的嫌隙，便由这里产生。刘大爷、刘三爷兄弟（二人）都想做好人，最后变为仇敌，这是因为刘三爷得好名声于父母族党之中，而刘大爷得坏名声的缘故。"今天四弟所以责备我的，正是这个道理，我所以读了以后汗颜。但愿我们兄弟五个，都明白这个道理，彼此互相原谅。兄长以弟弟得坏名声为忧，弟弟以兄长得好名声为乐。兄长不能尽道义上的责任，使弟弟得坏名声，是兄长的罪过；弟弟不能尽道义上的责任，使兄长得坏名声，是弟弟的罪过。如果都这么想，那么一万年也不会有一丝一毫的嫌隙了。

衡阳的风俗，只有冬学要紧。自五月以后，老师、弟子都是奉行旧事罢了。同学的人，都是庸碌鄙俗没有志向的人，又最喜欢讥讽人，他们取笑的方法不一样，总之离不开轻薄二字。四弟如果到衡阳去，他们必定会笑你是翰林的弟弟，真薄俗可恶。乡间没有朋友，实在是第一恨事，不仅没有益处，并且大有害处。习俗传染人，就是说入鲍鱼之室，久而不闻其臭，慢慢同化了。兄长常和九弟提到，说衡阳不可以读书，涟滨不可以读书，因为无益有损的朋友太多了的缘故。

现在四弟的意思一定要跟觉庵老师学习，那千万要听兄长的嘱咐，但学明师的好处增益自己，不要受那些无益有害的朋友的损坏。

接到这封信，立即带厚二到觉庵老师处受业。学费今年谨呈钱十挂。兄长在八月准定付回，不至于连累到家里。不是不想送得丰厚一点，实在是做不到。兄长最感忧虑的是，同学的人，没有志气而一味嬉游。端午节以后，放散不干事，怕弟弟和厚二也跟着学坏样子，切实要戒备啊！凡属从老师受业的，一定要经历许久然后可以获益。四弟与季弟，今年从觉庵老师，如果地方相安，明年还继续。如果一年换一个地方，那便是没有恒心，见异思迁，想求得进步难上加难。

六弟的信，是一篇绝妙的古文，刚健像昌黎，深拗像半山。我论述古文，总要有倔强不驯的气质，越拗越深的意思，所以在太史公以外，独取昌黎、半山两家。论诗我也赞成傲兀不群的，论书法也一样。每每这么认为，却不轻易谈论。近来有了何子贞这位朋友，两人意见非常相合，偶尔谈一两句，两个便相对而笑。不知六弟生成有这一支妙笔，过去时常看见你的文章也没有什么出奇的地方，今天看了这封信，才知道弟弟是一个不羁的人才，欢喜得很！凡属兄长有志向而力不从心的，弟弟你都可以做到。

信中说兄长与诸位君子讲学，恐怕日久渐渐成了朋党，所见极是，但是弟弟尽可放心，兄长最怕标榜，常常悄然自谦不表露，决不至于有所谓门户的嫌疑。信中说四弟浮躁不虚心，也切中了四弟的毛病，四弟应当看作良药对待。信中又说弟弟的牢骚，不是小人的热衷于此，是志士仁人爱惜光阴。

读到这里，不禁惘然有所失！恨不得生两个翅膀飞到家里，将老弟劝慰一番，纵谈几天才快活。然而即使弟弟都入了学，那些谣言又会说学院里傲惰，众口铄金，从何去辩解？所谓塞翁失马，安知非福？科名是迟早事，实在是前生注定。虽说是爱惜光阴的念头很迫切，而不必为了那个虚名而耿耿于怀。

来信说看了《礼记疏》一本半，浩浩茫茫，苦无所得，今已废弃，不敢再读。现读《朱子纲目》，每天十多页。说到这里，兄长不胜悔恨，恨早年不曾用功，如今虽想教弟弟，好比瞎子引路，只能指引大路，要求一点不错，太难了。但兄长最喜欢苦思，又得几位益友相互质问证实。对于读书的道理，一定有共同不易的几个方面。穷经必专心一经，不可广泛、骛远。读经以研究寻找义理为本，考据名物为末。读经有一个耐字诀窍：一句不通，不看下句；今天不通，明天再读；今年不通，明年再读。这就叫耐心。读史的方法，最妙的办法是设身处地。每看一处，好比我就是当时的人，应酬宴请在其中。不必要人人都能记得，只记一人，好像在接近这个人一样；不必要事事能记得，只记一事，好像亲临其事。经，主要是追究其理；史，主要是考实其事。离开这两方面，别无可学。

因为从西汉以至于今，识字的读书人，大约有三种途径：一是义理之学，一是考据之学，一是词章之学。往往各执一门学问，而去攻击其他两门学问。兄长的个人意见，以为义理之学最大。义理明白了，那实行起来更可抓住要害了。词章之学，也是发挥义理的。考据之学，我觉得没有其他途经了。这三种途径，都从事经史，各有各的门径。我觉得想读经史，便应研究义理，那样更专一而不分散。所以读经要专守一经，读史要专熟一史，读经史要专注义理，这都是合乎要求的道理，的确是不可改的。

假如说到经史以外，诸子百家，汗牛充栋。或者想读它，但应当读一人的专集，不应当东翻西翻。如读《昌黎集》，那眼睛看的，耳朵听的，无非昌黎而已，以为天地间除《昌黎集》外，再没有其他书了。这一集没有读完，决不换他集，也是专字诀窍。六弟谨记住，读经、读史、读专集、讲义理之学，这是有志的人万不可改易的。圣人复起，也一定听从我的话。然而，也仅仅是为有大志的人而言的。假若说到科名之学，则要读四书文，读诗律赋，头绪很多。四弟、九弟、厚二弟天资较低，必须做科名的学问。六弟既然有大志，不图科名可以，但要守一耐字诀。看来信说读《礼记疏》，似乎不能耐，勉之勉之！

兄长少时天分不低，以后天天与庸碌鄙俗的人相处，完全没有见闻，思路被闭塞很久了。以乙未年到京城后，开始有志学诗、古文和书法，只惜没有良友。

近年寻一两个良友，才知道有所谓经学者、经济者，有所谓躬行实践者，才知道范仲淹、韩琦可以学到手，司马迁、韩愈可以学到手，二程、朱熹也可以学到手。感慨之余，便想尽洗过去的污秽，以为新人，以为父母的孝子，以为弟弟们的先导。我现在无可奈何，体气太弱，耳鸣不止，稍稍用心，便感劳累。每天思念家人，天老爷既然限制我不能苦思，那是天老爷不要我成就我的学问，所以近日以来意志很疏懒松散。

来信又说四弟与季弟从觉庵老师受业，六弟、九弟仍然来京，或在城南学习，等等。兄长想弟弟们共住京城，这种感情好比孤雁的求群。自从九弟辛丑秋想回家，兄长百般挽留，九弟可以证明这一点。后来去年秋天九弟决定回南方，兄长实在没有办法，只得听他自便。如果九弟今年再来，则一年之内，忽去忽来，不仅堂上大人不肯，就是旁观者也会笑我兄弟轻举妄动。并且两弟同来，路费要花80两银子，现在实在难以措办，六弟说能够自己解决，也是没有经历过甘苦的话。如果我今年能得到一个差事，两弟今年冬天与朱啸山同来好了，如六弟不以为然，那再写信来商量。

九弟的信，写家事详细，可惜话说得太短。兄长写信常常太长，以后截长补短为好。尧阶如果有大事，弟弟中随去一人，帮他几天。牧云接弟三月之信，为何没有回信？是不是嫌我的话太直了？扶乩的事，完全不可信。九弟要立志读书，不要想这些事。季弟一切，都要听诸位哥哥的话，这次邮差走得很急，不得闲抄日记本，其余容我以后再告。

（道光二十三年正月十六日）

致六弟·劝述交友学诗之道

【原文】

温甫六弟左右：

五月廿九、六月初一，连接弟三月初一、四月廿五、五月初一三次所发之信，并四书文二首，笔力实实可爱！信中有云："于兄弟则直达其隐，父子祖孙间不得不曲致其情。"此数语有大道理，余之行事，每自以为至诚可质天地，何妨直情径行。昨接四弟信，始知家人天亲之地，亦有时须委曲以行之者。吾过矣！吾过矣！

香海为人最好，吾虽未与久居，而相知颇深，尔以兄事之可也。丁秩臣、王衡臣两君，吾皆未见，大约可为尔之师，或师之，或友之，在弟自为审择。若果威仪可则[1]，淳实宏通[2]，师之可也。若仅博雅能文，友之可也。或师或友，皆宜常存敬畏之心，不宜视为等夷，渐至慢亵[3]，则不复能受其益矣。

尔三月之信，所定功课太多，多则必不能专，万万不可。后信言已向陈季牧借《史记》，此谓不可不看之书；既然看《史记》，则断不可看他书。功课无一定呆法，但须专耳。余从前教诸弟，常限以功课，近来觉限人以课程，往往强人以所难；苟其不愿，虽日日遵照限程，亦复无益，故近来教弟，但有一专字耳。专字之外，又有数语教弟，兹待将冷金笺写出，弟可贴之座右，时时省览，并抄一副，寄家中三弟。

香海言时文须家《东莱博议》，甚是，弟先须用笔圈点一遍，然后自选几篇读熟，即不读亦可。无论何书，总须从首至尾，通看一遍；不然，乱翻几页，摘抄几篇，而此书之大局精处，茫然不知也。学诗从《中州集》入亦好，然吾意读总集，不如读专集，此事人人意见各殊，嗜好不同，吾之嗜好，于五古则喜读《文选》，于七古则喜读《昌黎集》，于五律则喜读《杜集》[4]，七律亦最喜杜诗，而苦不能步趋，故兼读《元遗山集》。

吾作诗最短于七律，他体皆有心得，惜京都无人可与畅语者。弟要学诗，先须看一家集，不要东翻西阅，先须学一体，不可各体同学，盖明一体，则皆明也。凌笛舟最善为诗律，若在省，弟可就之求教。习字临《千字文》亦可，但须有恒，每日临一百字，万万无间断，则数年必成书家矣。陈季牧多喜谈字，且深思善悟，吾见其寄岱云信，实能知写字之法，可爱可畏！弟可以从切磋，此等好学之友，愈多愈好。

来信要我寄诗回南，余今年身体不甚壮健，不能用心，故作诗绝少；仅作感春诗七古五章，慷慨悲歌，自谓不让陈卧子，而语太激烈，不敢示人。余则仅作应酬诗数首，了无可观；现作寄贤弟诗二首，弟观之以为何如？京笔现在无便可寄，总在秋间寄回，若无笔写，暂向陈季牧借一支，后日还他可也。国藩手草。

（道光二十三年六月初六日）

【注释】

[1] 威仪可则：则，效法。此意为威风凛凛的仪态可以效法。

[2] 淳实宏通：淳厚朴实而且宽宏通达。

[3] 慢亵：怠慢、轻视。

[4]《杜集》：唐代诗人杜甫的文集。

【译文】

温甫六弟左右：

五月二十九日、六月初一，接连收到弟弟三月初一、四月二十五、五月初一，三次所发的信，并四书文两篇，笔力确实可爱！信中说："在兄弟面前直截了当陈速自己的隐情，父子、祖孙之间，不得不转弯抹角表达自己的衷曲。"这几句有大道理。我的办事，每每认为自己至诚可问天地，直截了当又有什么不好？昨接四弟的信，才知道即使是至亲，有时也要委婉行事。这是我的过错！这是我的过错！

香海为人很好，我虽然和他住在一起不久，而了解很深，你可以兄长对待他。丁秩臣、王衡臣两位，我都没有见过，大约可以做弟弟的老师。是认他为师，还是认他为友，弟弟自己决定。如果真是威仪，可为表率；淳朴实在，宽宏通达，认为老师可以；如果只是博雅能文，认为朋友可以。不论是认为师或认为友,都要抱一种敬畏的心理,不要等闲视之,慢慢就怠慢、轻视了人家,那便不能受到教益。

弟弟三月的信,所定功课太多,多了就不专了,万万不可以。后信说已向陈季牧借《史记》,这是不可不熟读的书。你既然读《史记》,便不能看其他书了。功课没有一定的呆办法,只是要专。我从前教各位弟弟,常常限定功课,近来觉得这样做是强人所难,如果你们不愿意,虽说天天遵守限定功课的进程,也没有益处。所以近来教弟弟,只强调一个专字。专字以外,又有几句话告诉弟弟,现特地用冷金笺写出来,弟弟可以贴在座右,时常看看,并抄一副,寄家中的三位弟弟。

香海说学时文要学《东莱博议》,很对。弟弟先用笔圈点一遍,然后自选几篇读熟,就是不读也可以。无论什么书,总要从头到尾,通读一遍。不然,乱翻几页,摘抄几篇,而这本书的大的布局,它的精彩之处,却茫然不知道。学诗从《中州集》入手也好。然而,我的意思,读总集不如读专集。这种事情,每个人的看法不同,嗜好也不同。我的嗜好,于五古则喜欢读《文选》,于七古则喜欢读《昌黎集》,于五律则喜欢读《杜集》,七律也最喜欢杜诗,而苦于不能亦步亦趋,所以兼读《元遗山集》。

我作诗最不会作七律,其他体裁都有心得,可惜京城里没有人可以在一起畅谈。弟弟要学诗,先要看一家集,不要东翻西看,先要学一体,不可各体同时学,因为明白了一体,便都明白了。凌笛舟最擅长于诗律,如果在省,弟弟可以就近求教。习字临《千字文》也可以,但要有恒心。每天临帖100字,万万不要间断,那么几年下来,便必将成为书法家。陈季牧喜欢谈书法,并且能深思善悟,我看过他给岱云的信,实在了解书法之诀窍,可爱又可畏!弟弟可以和他切磋。这样好学的朋友,越多越好。

来信要我寄诗回去,我今年身体不壮健,不能用心,所以作诗非常少,仅仅作了《感春诗·七古》五章,慷慨悲歌,自己敢说不逊于陈卧子(陈子昂),但词语太激烈,不敢给别人看。其余仅是应酬诗几首,没有什么可看的。现作寄贤弟诗两首,弟弟看后以为如何?京笔现在没有方便人带寄,总在秋天寄回。如果没有笔写,暂时向陈季牧借一支,日后还他好了。国藩手草。

(道光二十三年六月初六日)

9. 致诸弟·劝述孝悌之道

【原文】

澄侯、叔淳、季洪三弟左右：

五月底连接三月初一、四月十八，两次所发家信。四弟之信，具见真性情，有因心衡虑郁积思通之象[1]。此事断不可求速效，求速效必助长，非徒无益，而又害之。必要日积月累，如愚公之移山，终究必有豁然贯通之候，愈欲速则愈锢蔽[2]矣，来书往往词不达意，我能深谅其苦。

今人都将学字看错了，若细读"贤贤易色"[3]一章，则绝大学问，即在家庭日用之间；于孝悌两字上，尽一分，便是一分学；尽十分，便是十分学。今人读书皆为科名起见，于孝悌伦纪之大，反似与书不相关。殊不知书上所载的，作文时所代圣贤的，无非要明白这个道理。若果事事做得，即笔下说不出何妨；若事事不能做，并有亏于伦纪之大，即文章说得好，亦只算个名教中之罪人。

贤弟性情真挚，而短于诗文，何不日日在孝悌两字上用功？《曲礼》《内则》[4]所说的，句句依它做出，务使祖父母、父母、叔父母无一时不安乐，无一时不用适；下而兄弟妻子，皆蔼然[5]有恩，秩然有序，此真大学问也！若诗文不好，此时事不足计，即好极亦不值一钱，不知贤弟肯则听此语否？科名之气以可贵者，谓其足以承堂上之欢也，谓禄仕[6]可以养亲也。今吾已得之矣，即使诸弟不得，亦可以承欢，亦可以养亲，何必兄弟尽得哉？贤弟若细思此理，但于孝悌上用功，不于诗文上用功，则诗文不期进而自进矣。

凡作字总需得势，使一笔可以走千里。三弟之字，笔笔无势，是以局促不能远纵。去年曾与九弟说及，想近来已忘之矣。九弟欲看余白折，余所写折子甚少，故不付。

地仙为人主葬，害人一家，丧良心不少，未有不家败人亡者，不可不力阻凌云也。至于纺棉之说，如直隶之三河县、灵寿县，无论贫富男妇，人人纺布为生，如我境之耕田为生也。江南之妇人耕田，如三河之男人纺布也。湖南如浏阳之夏布，祁阳之葛布，宜昌之棉花，皆无论贫富男妇，皆依以为业，并此不足为骇异也。第风俗难以遽变，必至骇人听闻，不如删去一段为妙。书不尽言。国藩手草。

（道光二十三年六月初六日）

【注释】

[1] 这句话意谓困苦心志、竭力思考，百思不得其解。
[2] 锢蔽：禁锢、蒙蔽。
[3] 贤贤易色：此句出于《论语》中，意为孝亲之道。
[4]《曲礼》《内则》：此系儒家经典之一的《礼记》中之篇名。
[5] 蔼然：和蔼可亲的样子。
[6] 禄仕：做官的俸禄。

【译文】

澄侯、叔淳、季洪三弟左右：

五月底连接三月初一、四月十八日两次所发家信，四弟的信，都见真性情，有困心衡虑、郁积思通的意思，这件事决不可以求快，快了便成了拔苗助长，不仅没有益处，而且有害。只要日积月累，像愚公移山一样，终有豁然贯通的时候，越想快越容易禁锢、蔽塞，来信往往词不达意，我能谅解他的苦衷。

今天的人都把学字看错了。如果仔细读《论语》"贤贤易色"一章，那么绝大多数的学问，就在家庭日用中间。在孝、悌二字上尽一分，便是一分学问；尽十分，便是十分学问。今天的人读书，都是为了科名，对于孝、悌、伦、纪的大义，反而似乎与读书不相干，殊不知书上所写的，作文时所代圣贤说的，无非是要明白这个道理。如果真的事事做到，那么就是笔下写不出来，又有什么关系呢？如果件件事不能做，并且有愧于伦纪之大义，那即使文章说得好，也只算得一个名教中的罪人。

贤弟性情真挚，而不善诗文，何不天天在孝、悌两字上下功夫？《曲礼》《内则》所说的，句句依它去做，务使祖父母、父母、叔父母没有一时不安乐，没有一刻不舒适；向下对于兄弟妻子，都和蔼有恩，井然有序，这真是大学问。如果诗文做得不好，这是小事，不必计较，就是好得不得了也不值一个钱。不知道贤弟肯听这话不？科名之所以说它可贵，是说它足以承堂上大人的欢心，说拿了俸禄可以养亲。现在，我已得到，即使弟弟们没有得到，也可以承欢，也可以养亲，何必各位弟弟都得到呢？贤弟如果细想这个道理，而在孝、悌上用功，不在诗文上用功，那么诗文不希望进步它都自然会进步。

凡写字总要得一种势头，使一笔可以走千里。三弟的字，笔笔没有气势，所以局促而不能远纵。去年曾经和九弟说过，我想是近来忘记了吧。九弟想看我的白折，我所写的折子很少，所以不寄了。

地仙为人家主持丧事，害人一家，丧良心不少，没有不家败人亡的，不能不极力去阻止凌云。至于纺棉花的说法，如直隶的三河县、灵寿县，无论贫与富，男与女，人人纺布为生，好比我们那儿靠耕田为生一样。江南的妇女耕田，如同三河的男人纺布一样。湖南如浏阳的夏布，祁阳的葛布，宜昌的棉花，都是不论贫富男女，都以此为生计，这并不足奇怪。只是风俗难于速变，一定要骇人听闻，不如删去一段为妙。信上不再多说了。国藩手草。

(道光二十三年六月初六日)

参考书目

[1] 任永和. 古代劝学佳句集锦 [M]. 济南：齐鲁书社，2014.

[2] 董志先，邱止戈. 劝学谚语 [M]. 沈阳：白山出版社，2013.

[3] 房弘毅. 古人劝学四篇 [M]. 北京：北京体育大学出版社，2013.

[4] 徐友才. 劝学良言 [M]. 上海：上海交通大学出版社，2002.

[5] 吴建有. 中华文化警世格言——劝学 [M]. 长春：：吉林出版集团有限责任公司，2009.

[6] 冯天瑜，姜海龙. 中华经典名著全本全注全译——劝学篇 [M]. 北京：中华书局，2016.

[7] 陈明，张舒，丛伟. 中华家训经典全书 [M]. 北京：新星出版社，2015.

[8] 陈君慧. 中华家训大全 [M]. 哈尔滨：北方文学出版社，2014.

[9] 匡济. 历代名人的家风家训故事 [M]. 北京：中国方正出版社，2016.

[10] 曾国藩. 唐浩明点评曾国藩家书 [M]. 上海：华东师范大学出版社，2016.

结　　语

亲爱的同学们：

　　大学阶段，是飞速成长的阶段。大学阶段，学习的方向更加明确，难度也逐渐增大，留给同学们自由分配的时间虽然较多，但这往往是对大家意志力和自觉性的一个考验。这三年，我们将不再只专注于成绩，知识也不仅仅局限于课堂，你需要有意识地提高综合素质，积极参与班级或学生组织举办的各项活动，培养广泛的兴趣爱好，提高人际交往能力。抓住集体生活的契机，掌握生活技能，学会在离开父母的精心呵护下依然可以很好地照顾自己。利用实践课、实训周和寒暑期，参与社会实践，丰富阅历，增长见识。在家中，主动操持家务，为父母分忧，践行孝顺这一传统美德；在校外，积极参与公益活动，彰显社会主义核心价值观。这样的话，三年之后，你站在毕业典礼的舞台上回首往昔，才能青春无悔；展望未来，必将踌躇满志！

　　你要相信，你的选择不会让你失望！辽宁现代服务职业技术学院是辽宁省高等职业教育改革发展示范院校。近年来，学院乘国家大力发展职业教育和现代服务业之劲风，秉承"以礼服人　求知务实"的校训，视质量为生命，以特色求发展，深化教育教学改革，创新人才培养模式，实现了跨越式发展。"辽服"作为高职院校一颗冉冉升起的新星，你们的学长学姐，这些出色的"辽服"学子，已在全省、全国各项赛事中屡创佳绩，厚积薄发，势如破竹。这正是：

　　"辽服"智慧助力学子梦想，职业教育浇筑成才之路；

　　工匠精神领航人才培养，辛勤汗水成就美好明天！

　　加油吧，少年！未来是你们的！

康毕华

2017 年 6 月

于辽宁沈阳